# 興趣拯救人生！

出門找樂子囉！

請依照數字標示的順序閱讀～

# 前言

（前言）

（前言）

( 前言 )

## 興趣
*趣味：沒有特別目的、純粹為了享受而做的事。*

在辭典查找「興趣」這個詞的意思以前，每當我談論興趣時，總有股莫名的壓力。要不比別人擅長，要不比別人更懂。興趣這個詞，好像只適用於這類特別的事物。然而翻閱辭典後我才明白，原來興趣是指「為了享受而做的事」。

不需要與別人競爭，也不需要覺得「非得做好」而感到有壓力。只要我做起來感到開心的事，那就是興趣。從那時起，我毫不猶豫的將看來有趣的事物納入自己的興趣清單。這樣一一收集的興趣，為我枯燥的日常生活注入了活力，進而全面改變了我的生活。

或許，這些單純為了享受而投入的興趣，有一天會拯救你我。

# 目錄

前言 ▶ 6

## 1 時尚閱讀也是閱讀

#1 我為什麼想要閱讀 ▶ 17
#2 親近書本 ▶ 22
#3 將閱讀融入日常生活 ▶ 24

## 2 像村上春樹一樣跑步

#1 尋找靈感 ▶ 29
#2 追隨春樹的腳步 ▶ 31
#3 有樂趣才能持續 ▶ 37
#4 發掘適合自己的方法 ▶ 39
#5 城市路跑 ▶ 41
#6 在我看來,跑步是…… ▶ 43

## 3 如果不能每天去旅行……

#1 繪製自己的專屬地圖 ▶ 47
#2 擴展地圖 ▶ 51
#3 活用地圖 ▶ 53
#4 把旅行過得猶如日常 ▶ 54

## 4 蒔花弄草

#1 植栽裝飾 ▶ 57
#2 第一株植物「龜背竹」▶ 59
#3 蠢蠢欲動 ▶ 62
#4 植物枯萎的原因 ▶ 66
#5 園藝新工具 ▶ 72
#6 植物的形狀 ▶ 75
#7 關於栽培植物 ▶ 84
#8 看不見的東西 ▶ 87
#9 看得見的東西 ▶ 90
#10 生長與環境 ▶ 94
#11 苦難與逆境 ▶ 104

## 5 從麻煩中尋找樂趣

#1 每天早上 ▶ 111
#2 說到鬍子 ▶ 113
#3 賦予樂趣 ▶ 116
#4 只要我喜歡 ▶ 120

## 6 每天早上浸入水中

#1 天堂般的尼斯 ▶ 123
#2 人總是會犯同樣的錯誤… ▶ 129
#3 不要重蹈覆轍 ▶ 131
#4 放輕鬆 ▶ 134
#5 游得更快 ▶ 141
#6 蛙鞋的真正用途 ▶ 143
#7 瓶頸 ▶ 147
#8 在海裡游泳 ▶ 155

## 7 擺脫無聊日常的方法

#1 作家的空間 ▶ 165
#2 營造新鮮感 ▶ 170

## 8 您喜歡電影嗎？

#1 其實…… ▶ 177
#2 閃耀的目光 ▶ 179
#3 上班族的興趣 ▶ 182
#4 在電影院裡看電影 ▶ 187
#5 您喜歡電影嗎？ ▶ 189
#6 更深入電影 ▶ 192
#7 更寬廣 ▶ 199
#8 電影記憶法 ▶ 206

## 9 充滿爵士樂的生活

#1 滿是寂靜 ▶ 215
#2 什麼是爵士樂 ▶ 219
#3 釐清喜好 ▶ 221
#4 至少有件樂器 ▶ 224

## 10 愛酒之人的辯解

#1 旅行與酒 ▶ 231
#2 酒飲巡禮 ▶ 235
#3 酒的功效 ▶ 239
#4 我的私房高球調酒配方 ▶ 241

## 11 一切總是從偶然開始

#1 漫無目的走著 ▶ 243
#2 新的挑戰 ▶ 250

## 12 持續最久的興趣

#1 畫畫是我的老朋友 ▶ 263
#2 把畫畫當作興趣的方法 ▶ 267
#3 興趣持久的祕訣 ▶ 272
#4 說真的 ▶ 275

## 13 向世界述說我的故事

#1 校園生活（希望篇）▶ 277
#2 校園生活（絕望篇）▶ 284
#3 創作內容 ▶ 286
#4 上班族生活（希望篇）▶ 290
#5 上班族生活（絕望篇）▶ 293
#6 說我自己的故事 ▶ 295
#7 活得好好的 ▶ 298

# 時尚閱讀
# 也是閱讀

「我喜歡我閱讀的樣子。」
我之所以養成閱讀這個興趣，
不是因為享受小說家創造的世界，
也不是為了自我提升。
我只是喜歡我閱讀的樣子，
因而親近了書本。

# #1 我為什麼想要閱讀

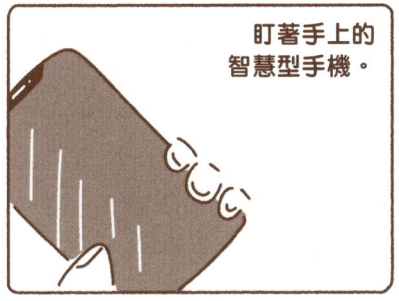

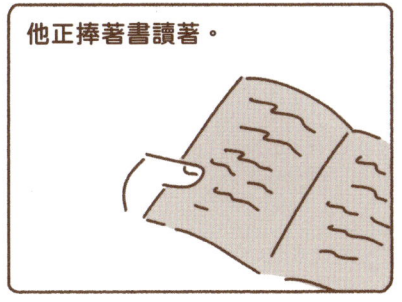

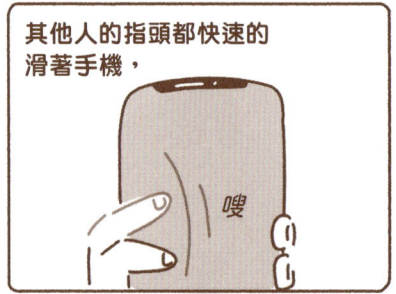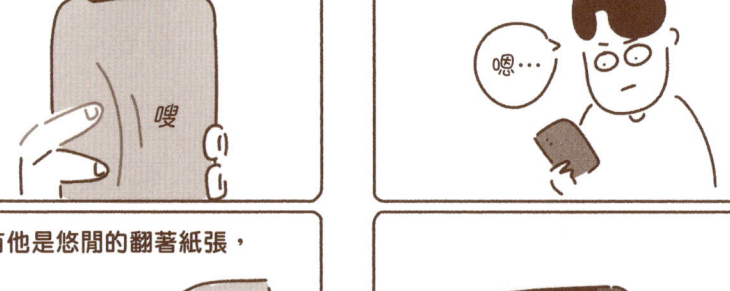

( #1 )

(#1)

〔1〕時尚閱讀是指為了看起來有品味而閱讀。

# #2 親近書本

## #3 將閱讀融入日常生活

( #3 )

「為了看起來有品味」而閱讀。

雖然這句話看來荒謬，在我身上卻是事實。

不僅僅是閱讀這件事，渴望自己「看起來有品味」，一直是推動我進步的最大原動力。不管是小時候在父母面前、學生時代在朋友面前，還是在喜歡的對象或公司的上司面前，我都希望自己顯得有品味……幸運的是，努力讓自己看起來有品味這件事，引導了我朝正向發展。

自從我在地鐵裡開始閱讀，無聊的通勤時間變得愉快，我也脫離了原本難以擺脫的YouTube演算法泥沼。

我發現喜歡的作家，探索了他的世界，從而下定決心也要寫出那樣的文章。

雖然「光是假裝看起來有品味」並不好，但若是為了看起來有品味而努力，我相信總有一天自己會成為真正「有品味的人」，因此，今天我也翻開了書頁。

# 像村上春樹一樣跑步

據說，村上春樹在將近四十年期間，
每年都會跑完全程馬拉松。
甚至可以說，
他是在跑步過程中學會了如何寫小說⋯⋯
我懷著「如果我也跑步，
或許能寫出像春樹一樣的文章」
這樣大膽的想法，而開始跑步。

# #1 尋找靈感

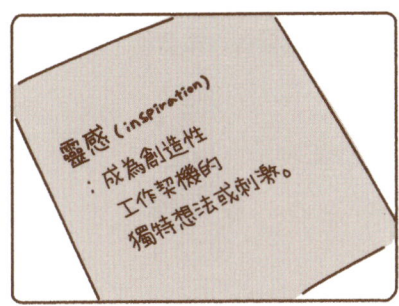

為了獲得靈感,

然而靈感就像海市蜃樓,

我雖然經歷各種事情、靈感在哪裡…

靠近反而無法捕捉。

見了一些人,

今天來談談我為了尋找靈感,靈感!!!

也試著去旅行,要是前往陌生的地方……

而開始的跑步。

[1] 原文書名為《走ることについて語るときに僕の語ること》，2007年出版。

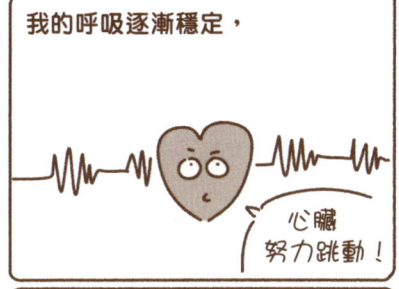

# #3 有樂趣才能持續

| | |
|---|---|
| 每天早上看著同樣的風景， | 我變得只執著於紀錄。 |
| 跑著同樣的路線， | 幾個月來都沒有進步。 |
| 漸漸變得無聊。 | 越注重紀錄， |
| 因為沒有新鮮事， | 對跑步就越沒興趣。 |

我是為了樂趣才跑步的。

何必這麼執著於紀錄呢?

當我產生這種想法後,

⋯

便放棄了在河邊跑步。

必須有趣才是興趣。

# #4 發掘適合自己的方法

我並沒有放棄跑步。

沒有有趣的跑步方法嗎?

隔天早上,我沒有前往河邊,

越野賽跑

越野賽跑?

而是來到社區的小山前。

登山路

在山上或山坡上跑步……

毫不猶豫地跑上去。

呼哈!!

應該很有趣吧?

哇…跑山還要累上好幾倍耶!

39

| | |
|---|---|
| 登頂後往下跑時， 呀～呼～ | 由於身處大自然，有很多東西可以看， |
| 我沿著步道， | 因為使用了各種肌肉， |
| 在彎彎曲曲且凹凸不平的路上， 從泥土路變成了石子路啊！！！ | 絲毫不會感到無聊。 |
| 像飛鼠一樣的奔跑。 | 尋找適合自己的跑步類型。 真有趣！ |

# #5 城市路跑

後來，
我開始晨泳，

早上更適合游泳。

跑到混合高樓大廈的……

並將跑步挪到晚上。

啊哦…痠痛。

跑路時，

有時候還會故意繞回去。

在工作室附近跑步。

這叫做城市路跑！！

有種過去和現在一起奔跑的感覺。

貴族明明就不跑步…

從昌慶宮石牆路開始，

無論何時、何地

都能跑步，真好。

不在乎紀錄、按照自己的方式跑，

愉快的奔跑吧！

反而破了自己先前的最佳紀錄。

這比拚命奔跑時，好多了。

果然，沒辦法贏過享受它的人，對吧？

這樣下去，我要參加比賽了…

## #6 在我看來,跑步是……

| | |
|---|---|
| 如果說晨泳… | 放鬆因久坐而僵硬緊繃的身體, |
| 是喚醒身體的運動, | 將雜亂無章胡亂糾結的想法…… |
| 那麼夜跑… | 與沉重的呼吸一起呼出去。 |
| 就是清理一天的運動。 | 在晚上跑步,身心都感到舒爽。 |

在整理得乾乾淨淨的腦子裡，

有時會有人來訪——

我一直苦苦尋找的靈感。

跑步是一種清空運動。

清空運動……

挺酷的？之後得把它寫在書上。

( #6 )

---

為了尋找靈感而開始跑步，轉眼間已經超過三年。我不像有些人會測量紀錄、參加比賽，而是以自己屬意的速度，在山中和城市裡享受著跑步。

不久前我偶然參加了一場十公里公路賽賽跑，由於沒有一次跑過這麼長的距離，我站在起跑線時，很擔心自己是否真能跑完全程。以往我都是自己一個人跑，這回要和數千人一起跑，緊張得心怦怦直跳。

伴隨著輕快的出發信號響起，我出發了。在山上和城市裡鍛鍊過的心臟，速度規律的跳動著。雖然呼吸變得急促，但是我的腳步卻從未停下。過了二十分鐘，我甚至不再覺得疲累，開始笑了起來。最終我的紀錄是42分53秒，在大約一萬名跑者中得了第121名。這與我在河邊跑步、執著於紀錄時相比，每公里速度至少縮短了一分鐘。果然，沒辦法贏過享受它的人。

由於這場比賽，我再次對紀錄產生了興趣，並訂下隔年跑完全程馬拉松的目標。當然，我也不禁期待在42.195公里的終點，也許會有靈感之泉存在。

# 如果不能
# 每天去旅行……

「旅行就是生活。」
這是一家共享住宿服務商的廣告詞。
說到生活……
如果旅行意味著在某個地方生活，
那麼現在我們身處的地方、生活著的這個時刻，
應該也可以成為旅行吧？

# #1 繪製自己的專屬地圖

以前我出國旅行時,

經常會羨慕……

哇……如果在這麼漂亮的地方生活,

住在那裡的當地人。

該有多好啊?

每一天應該都很幸福吧!

回到日常生活時,很想念旅行,

啊…好想去旅行。

然而,在首爾也能看到很多外國觀光客。

想了想,對某些人來說,首爾…

也是令他們心動的旅遊地點。

47

| | |
|---|---|
| 如果我在現在住的地方像旅行般生活， | 從這時起，我有了新興趣<br>旅行般的日常生活 |
| 那麼，日常生活應該能成為旅行吧？<br>？<br>我正在首爾旅行！ | ——繪製地圖。 |
| 像旅行般生活…… | 不是在紙上畫地圖， |
| 應該很有趣！ | 而是在腦海中，繪製專屬於我自己的地圖。 |

## ( #1 )

方法很簡單。
前往工作室的路上，
今天走的路跟平日一樣。
我改走不同以往的方向。
往這邊。
陌生的建築和商店，
哦…
甚至是行道樹和植物，
都令我沉迷於新路線。
哦…
原來是從這裡這樣連接的啊！
我的地圖拓展了一部分。

| | |
|---|---|
| 只要稍微彎進新的路，<br>那邊有什麼呢…？ | 每當發現美妙的場所， |
| 那麼就連再熟悉不過、 | 或是漂亮的風景時，<br>哦… |
| 曾經不知不覺走過的社區， | 日常生活……<br>晚霞！ |
| 也感覺煥然一新。<br>那地方是做什麼的？ 是工房嗎？ | 就變成旅行。<br>好美啊！ |

# #2 擴展地圖

為了擴展地圖，

像寶物一樣隱藏著、
竟然有一家咖啡廳…

我一有時間，
得去首爾逛逛～

符合自己喜好的空間，
兼獨立書店啊！

就在首爾各個角落，

我將它們一一刻畫進
麵包…
麵包店

到處轉來轉去。
即使是附近，
也懷抱著旅遊的心情！

腦海的地圖中。
這就是旅行。

| | |
|---|---|
| 讓日常生活成為旅行的另一種方法是：<br>要去哪裡呢？ | 如果不是搭乘大眾運輸工具， |
| 首爾的共享單車「叮鈴鈴」。[1] | 而是隨著踩踏板的速度，用全身… |
| 大多數距離不是使用大眾運輸工具，<br>半小時左右的話…… | 去感受城市中的風景，那麼── |
| 而是騎自行車前往。 | 地圖會變得更加詳細且鮮明。 |

[1]叮鈴鈴原文名稱為「따릉이」

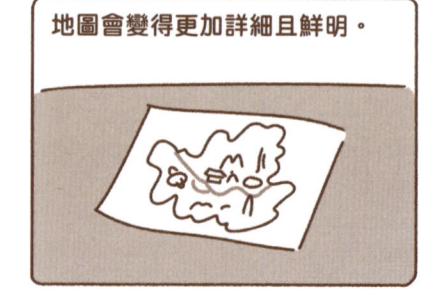

# #3 活用地圖

自己認真繪製的地圖，
時不時會派上用場。
是時候用它了！
和女朋友約會時，
我們要去哪啊？
有個很酷的地方。
邀她一同前往儲存於大腦地圖中的地方。
從這裡看到的晚霞很美。
真的很漂亮耶！
你怎麼會知道這種地方？
呵呵嗯…就……
跟誰來過嗎？
自…自己!!
跟誰一起!!

## #4 把旅行過得猶如日常

現在我就連去國外旅遊時，

有時候，我會租自行車，

租共享單車～

也會像畫地圖般地旅行。

日常生活過得像是去旅行，

旅行則過得像在生活。

穿梭於巷子的每個角落，

哦…

哇…

沒有按照規劃好的路線，

旅遊指南

吸收視線所及的一切，

新鮮的事物比比皆是！

而是隨心所欲的想去哪兒、就去哪兒。

要去那邊看看嗎？

在腦海中認真的繪製地圖。

更新地圖！！

( #4 )

如果前往觀光客不多的地方，

當地人熙熙攘攘的餐廳和咖啡廳。

就能看到城市本來的面貌。

雖然只差一個街區，卻好像另一座城市。

果然，當地人多的地方，才是真正的美食店。

與我們日常生活相似的人們、

我的專屬地圖越詳細，

各種塗鴉和街頭的動物，

旅行就越豐富。

得填滿全世界的地圖！

# 蒔花弄草

「大家最近有什麼興趣嗎?」
某日與朋友聚會喝酒時,有人這麼問。
腦海中掠過各種事物後,
我脫口說出最近最感興趣的東西:
「植栽。」
令人意想不到的答案,
吸引了所有人的目光。

# #1 植栽裝飾

成為自由工作者後我本以為……

想做什麼，就做什麼，自由自在地生活！

然而，在發現首爾的租金有多麼驚人後…

不動產

這…這麼貴！

然而，輾轉於咖啡廳和共享辦公室等場所後，

一點都不自由啊…

我在偏僻的地方找了間工作室。

是傳說開始的地方嗎…

後來，我下定了決心！

我不能這樣……漂泊不定！

空～

如果是作家，就必須要有工作室。

我會把它布置成…充滿靈感的空間！

| | |
|---|---|
| 雖然嘗試了流行的室內裝飾，<br>書桌是包浩斯式，<br>照明採孟菲斯風格！ | 哦，馬蒂斯⋯<br>霍克尼也很酷。 |
| 但是我始終不滿意。<br>總覺得少了點什麼⋯⋯ | 然後，我意識到⋯⋯<br>沒錯就是這個!! |
| 沒錯，這種時候果然⋯ | 所有藝術空間都有植物。 |
| 還是要參考其他作家的工作室。 | 植物，我的工作室——<br>也會有藝術家的感覺吧？<br>嘿嘿 |

## #2 第一株植物「龜背竹」

我馬上著手採購植物。

上網買就可以嗎？

第二天，快遞便送到了門口。

又大又容易養，

果然越大越酷。

這麼一來，我的工作室

也會充滿藝術氣息！

連亨利·馬蒂斯都喜愛的──

我要畫工作室的植物。

…？

大型龜背竹。

送來的龜背竹和我想像的不同。

照片　　實際

龜背竹
注意：樹木形狀可能因商品而異。
差異未免太大了…
葉子長得又小又醜……
但還是放在工作室裡。
在黯淡的工作室裡泛著綠光，
我一直看著它。
你好嗎？
空氣似乎也變好了。
這是芬多精嗎？
是啊，我好好栽培它就行了。

(#2)

幾個星期以來,

雖然我悉心照料著這株盆栽,

也吹吹風吧。

但它卻毫無變化。

枯萎了嗎…?

於是我很快失去了興趣。

植栽好無聊!!

# #3 蠢蠢欲動

在工作室角落,逐漸被我遺忘的可憐龜背竹。

還活著…!!

啊,對了!要幫它澆水。

雖然這情況再明顯不過……

還活著!!

某天我心血來潮,看了看龜背竹……

還沒枯萎吧?

然而龜背竹蠢蠢欲動一事,

正慢慢地在成長。

發現它居然長出新的葉子!

讓我將植物視為了生命。

我竟然只把你當成室內裝飾品……

62

## (#3)

這是我的
第一株植物，
一定要救活！
此後，每天早上我都會觀察
新的葉子。
沒事
吧？
查看YouTube和部落格，
栽培
植物的人
真不少！
也閱讀植物相關書籍。
龜背竹的
種類也有
很多啊！
我從澆水的方法開始，
到陽光、風、營養劑等，
從各方面了解植物。
植物可是
一門科學
呢！
好好
長大吧！
龜背竹。

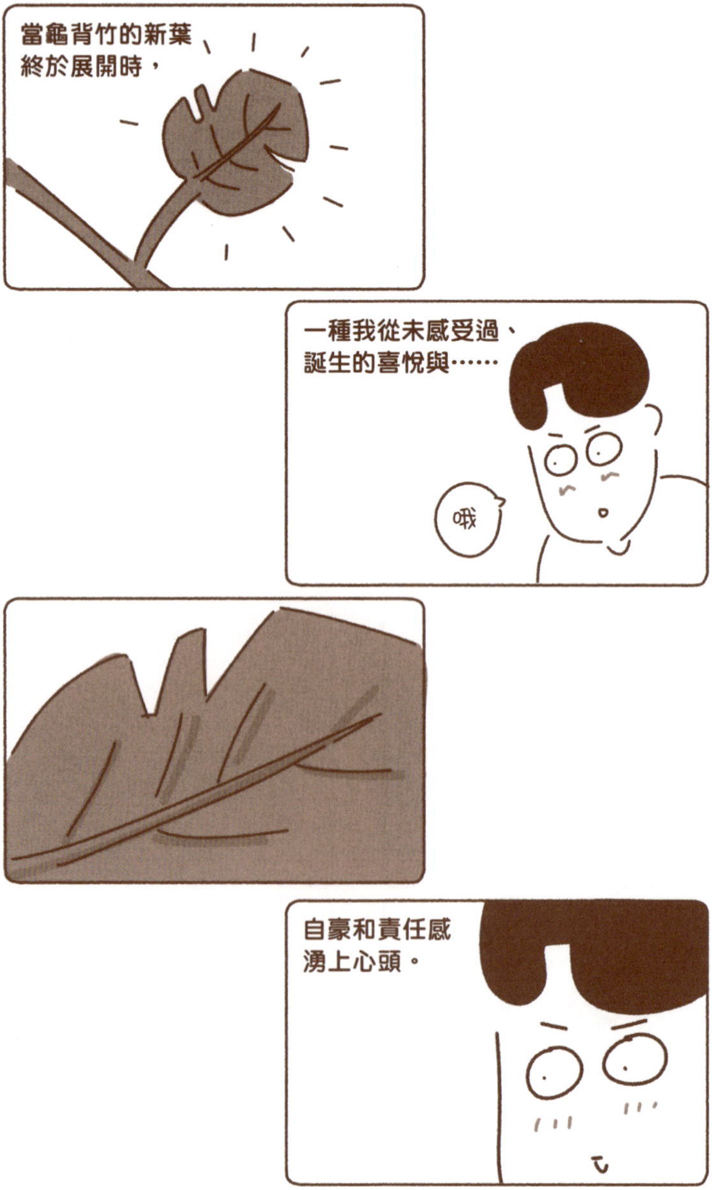

當龜背竹的新葉終於展開時,

一種我從未感受過、誕生的喜悅與……

哦

自豪和責任感湧上心頭。

( #3 )

後來…蔓綠絨、常春藤、鵝掌藤、

尤加利、阿里橡膠樹、黃漆樹、

孔雀木、小龜背竹、仙人掌等等，

過了一段時間，我回過神一看，

不是?!!

我的工作室裡滿是植物。

花盆變得太多了。

我發誓真的是最後一株……

再加一棵橄欖樹就好。

工作室快變成植物園了。

2樓是做花盆生意的嗎？

← 1樓洗衣店的老闆

## #4 植物枯萎的原因

當植物成為興趣時,
又長高了呢。

看著植物發呆,

就算只是看著它,
有好好長大嗎…

有種來到大自然的感覺。
在一旁閱讀。

心情都會變好。
嘿嘿

無緣無故摸摸看泥土,

我會時不時觀察盆栽…
好像又長高了一點。

土…乾掉了?!

## ( #4 )

緊急情況!!
緊急情況!!
土竟然
乾掉了
!!
我連忙帶它去洗手間，
幫葉子沖澡，
直到水充分
滲入底部為止，
澆了滿滿的水。
唷～
還好搶救
即時。
如果像這樣以愛和熱誠栽培，
植物反而會……
……枯萎。

為什麼…
會這樣？
我都按時澆水呀！
植物枯萎最大的原因，
…
不是忘了澆水，
反而是因為澆得太頻繁。
植物枯萎的原因
第1名 太濕
第2名 太濕
第3名 太濕
第4名 假性缺水 太濕
「太濕」？
明明是土乾了才澆的……
??
裡面還是濕的嗎??

( #4 )

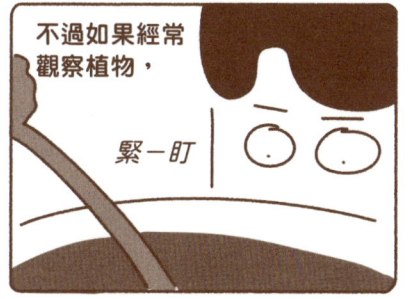

雖然因植物的種類和環境而異，

啊…
一想幫你澆水。

但是連土壤裡頭都乾得差不多時…

拿木筷插入土壤，就能知道。

葉子好像有點下垂了！

就需要加水，

沒有沾上泥土啊！

是時候澆水了嗎……

不過如果經常觀察植物，

緊一盯

就會變得經常澆水。

茁壯成長吧！

| | |
|---|---|
| 或許栽培植物時， | 適當的光和風、 |
| 最重要的是： | 適當的養分、 |
| 適當的不去關心。 | 適當的距離， |
| 適當的水、 | 才是對植物最好的營養劑。<br>應該會自己好好長大吧！ |

(#4)

無限的愛和不斷的關心,

有時是毒藥。

適當的距離…

與人際關係差不多。

#5 園藝新工具

就是噴霧器。

保持適當的距離可不容易。

光盯著看算什麼興趣……

雖然植物根部保持乾燥比較好，

但據說濕潤有利於葉子生長。

沒有能體驗樂趣的方法嗎？

偶然間，我發現一種東西……

哦…這種方法。

用噴霧器只幫葉子澆水就行了。

(#5)

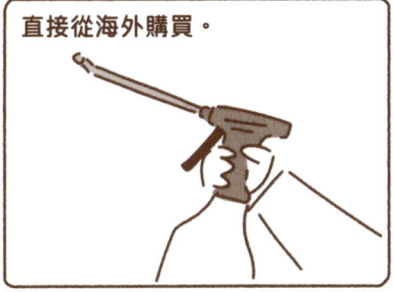

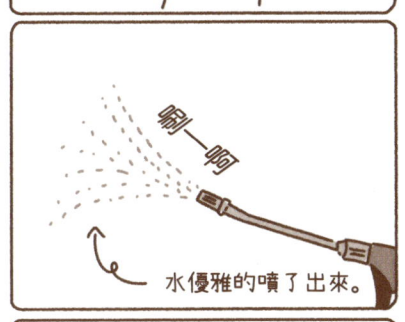

我找到了喜歡的噴霧器，
果然興趣就是裝備。

一有空就幫葉子噴水。

直接從海外購買。

植物需要它，

唰—唰
水優雅的噴了出來。

我能表達關心，也感到很快樂。
嘿嘿真有趣。

就這樣，植栽漸漸成了我的興趣。

我從良才花市，費勁地將枝繁葉茂的高大孔雀木帶回工作室。齒輪狀的葉子非常特別，我一有空就會觀察它。但是不知道從什麼時候開始，它的葉尖變黑了。我不僅讓它有充足的日曬、維持良好的通風，最重要的是，都會按時澆水，沒想到葉子卻枯萎了。我嚇得跑去洗手間，從葉子到根部澆了滿滿的水。

第二天，它焦黑的葉子紛紛落下。我實在搞不清楚原因。之後，孔雀木的葉子繼續掉落。我意興闌珊之下，之後便不太去管它。直到孔雀木原本豐盛的葉子只剩下四、五片，它才停止枯萎。

我這才明白原因。首先，這個花盆對它太大了，再者，大花盆裡的水沒有乾透，因而導致太濕。

頻繁澆水，這樣過度的關愛只有使我自己感到快樂，但是植物並不需要。從那時起，我會觀察盆栽的土壤深處，盡量只給植物需要的關愛。

之後，我為了自己能體驗樂趣而買了噴霧器，每天抓著噴霧器承諾：「保持根部乾燥、葉子濕潤。」

# #6 植物的形狀

當植物成為興趣時，

這棵樹漂亮吧？

就會不斷地尋找植物。

嘿嘿

看什麼看得這麼認真？

這週我得去買花盆。

⋯⋯

登！
登

什麼⋯⋯
這個植物阿宅⋯⋯

這是什麼植物？
長得很特別。
檸檬尤加利？
檸檬尤加利
檸檬尤加利…
不是已經有了嗎？
咻
即使是同一種植物，
唔…
由於樹形不一樣，
…
也會有完全不同的感覺。
這是同一種植物…？
不對，根本就像別種植物。
葉子看起來雖然相似……

( #6 )

網路上看到的植物，

種類真多啊！

於是我找書來看。

天啊！

姿態秀麗又感性，

透過修剪，

剪枝

我的盆栽卻長得很茂盛。

可以塑造植物的形狀。

我也想栽培得漂亮一點！

沒錯，就是這個！

77

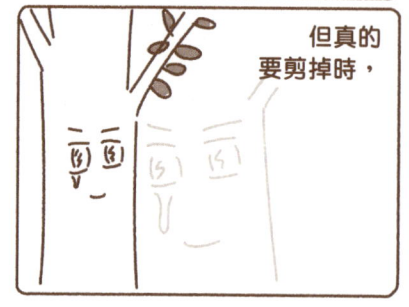

| | |
|---|---|
| 接著買了園藝用剪刀。 | 剪…剪掉也沒關係嗎？ |
| 呼呼　好像變成了園丁。 | 不會枯萎嗎…？ |
| 我會果斷的剪掉！ | 就這樣，糊裡糊塗地完成了第一次剪枝 |
| 但真的要剪掉時， | 變得俐落多了。 |

(#6)

透過剪枝管理樹形，

經歷過幾次失敗後，
完蛋了！好像剪錯了！
…

是栽培植物的過程中，
原來，剪枝並非單純為了好看！

我就不再害怕修剪。
長大好多啊～

非常重要的課題，
順應環境、更加健康！

光是整理葉子，

也是不可或缺的樂趣。
好像在美容！

就有完全不同的感覺。
很像是植物的髮型嗎？

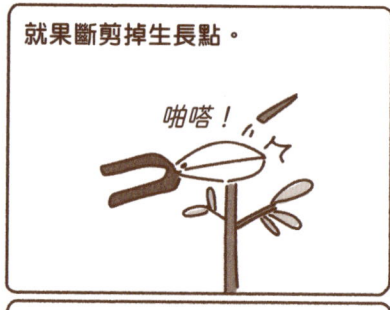

| | |
|---|---|
| 如果想讓植物長得更高，<br>把它養高看看嗎？ | 相反地，如果想養得茂盛，<br>要不要讓葉子茂盛一點？？ |
| 就要把生長點留在末端，<br>生長點 | 就果斷剪掉生長點。<br>啪嗒！ |
| 整理枝條， | 剪掉的生長點下方兩側會出現新芽， |
| 以利植物集中生長。<br>養分　養分 | 新芽長出後，再次剪掉新芽的末端。 |

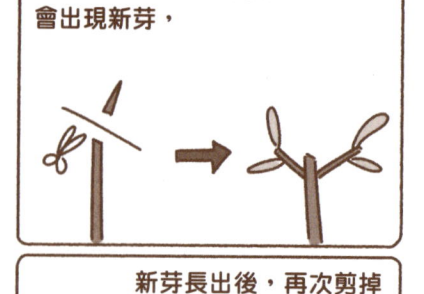

( #6 )

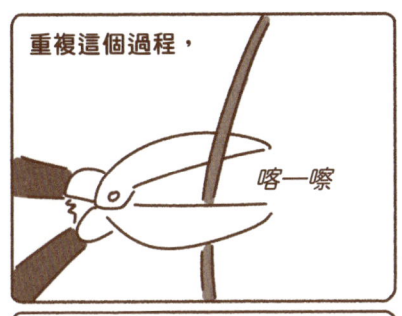

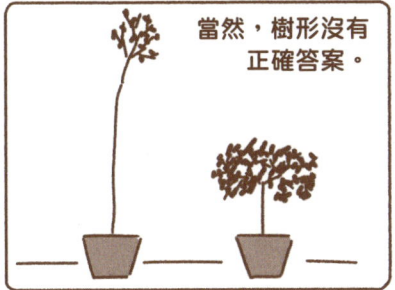

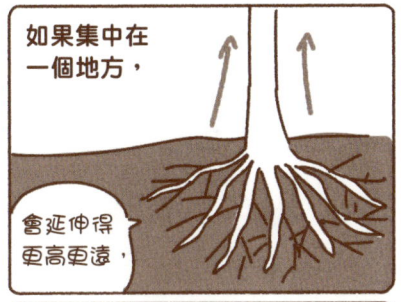

| | |
|---|---|
| 重複這個過程，<br>喀一嚓 | 如果集中在<br>一個地方，<br>會延伸得<br>更高更遠。 |
| 就能獲得茂盛的樹形。 | 會延伸得更高更遠，<br>養分 養分<br>往上長吧!! |
| 喔…<br>好神奇啊！ | 如果朝多個方向伸展， |
| 當然，樹形沒有正確答案。 | 樹形雖然不大，卻很茂盛。<br>好像在看著我一樣。 |

81

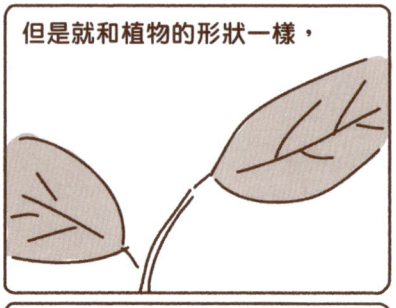

| | |
|---|---|
| 雖然有些人專注於一種興趣， | 但是就和植物的形狀一樣， |
| 進而達到專家的水準。<br>喔…　哇！ | 興趣也沒有正確答案。 |
| 但也有一些人，<br>想做的事有很多。 | 只要朝著自己想要、<br>顧名思義就是興趣。 |
| 透過各種興趣讓生活變得多采多姿。<br>雖然沒有特別擅長的事… | 且愉快的方向前進就行了。<br>嘿嘿，真有趣。 |

( #6 )

當然,植物的外形, 要養得細細長長。

變成與計畫完全不同的形狀。

無法按照你的想法生長。
末端枯萎了。

就連這個都跟我很像啊!

為什麼往這邊長呢?
葉子長在這?

沒錯,如果只按照計畫生長,那是植物還是假花?

隨著季節過去,植物越來越大,
好好長大吧!

長長垂下的形狀,也很有魅力。

## #7 關於栽培植物

田園般栽種著各種植物的工作室。

搬到窗戶附近。

因為太陽只能從窗戶照進來。

每天早上我來到這裡，

過來這裡吧～

一、二、三、四

都會跟植物打招呼，

昨晚一切都還好嗎？

…十五、十六。

並將花盆一個個……

早上搬移植物是我的興趣。

（ #7 ）

早上十點。

嘿嘿，完美。 | 曬曬太陽，茁壯成長吧！

下午一點。

往旁邊移。

太陽從這邊照進來了。

下午五點。

再次移動。

一整天將盆栽搬來搬去⋯

因為需要看到太陽⋯

是我的興趣。

這是興趣嗎⋯？

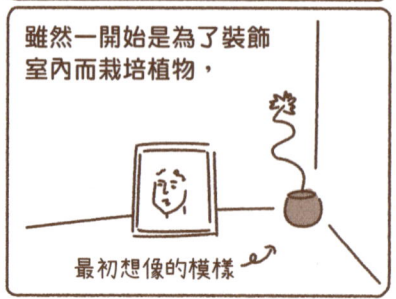

| | |
|---|---|
| 擺在窗邊、大小不一的各種花盆。 | 我終於理解媽媽…… |
| 我看著這副景象,<br>什麼時候變得那麼多…? | 在陽台上種滿植物的心情。<br>為什麼只放在陽台上?<br>在那裡長得很好。 |
| 雖然一開始是為了裝飾室內而栽培植物,<br>最初想像的模樣 | 但是如果有人來工作室的話,<br>是緊急狀況!<br>緊急狀況!! |
| 現在反而感覺毀掉了室內裝飾。<br>那邊只是叢林… | 我會適當布置好耍酷一下。 |

## #8 看不見的東西

隨著花盆變多，
要不要把它也帶去工作室？

但是我發現，來到工作室的朋友們…
哇！買新螢幕了嗎？

出現許多炫耀存在感的大型盆栽，

居然沒發現有盆栽。
為什麼沒有提到植物呢？

或是樹形獨特的植物。

是不是我放得太稀稀落落了？
那麼大都看不到嗎？？

彷彿來到樹林中、親近大自然的工作室！！

我可以試試這個遊戲機嗎？？

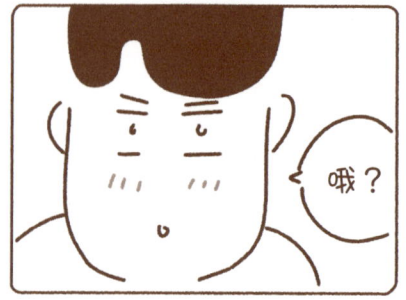

| | |
|---|---|
| 原來人們只會看到自己想看的東西。 | 在回家的路上，我經常…<br>難道還不夠嗎…<br>要不要買再大棵一點的樹？ |
| 哇，酒也很多。待會來喝威士忌吧！<br>果然… | 一邊想著各種事情，<br>要換花盆嗎？ |
| 直到後來才發現。<br>喔？你在栽培植物嗎？ | 一邊走著。<br>？ |
| … | 哦？ |

( #8 )

某天回家的路上,我發現,
從小至今走過無數次的堤防路,
看起來居然完全不同了。
朝各個方向彎曲的樹幹,
以及無數伸展的樹枝,
就連隨風飄揚的葉子,
都跟以前不一樣,每片都清晰可見
──我彷彿置身於另一個世界。

# #9 看得見的東西

| | |
|---|---|
| 在我栽培植物以前， | 樹是長那樣嗎？ |
| 多次路過也不認得 | 樹枝伸展的方向都不一樣， |
| 看來只是一整坨的樹木， | 葉子的形狀也各不相同。 |
| 現在在我看來清晰多了！ | 沒有一棵樹一模一樣。<br>原來全都不一樣啊！ |

( #9 )

原本以為樹幹是直的。

當時的我並沒有多想,但…這是真的!

這才發現是隨意的曲線。

就連花壇裡的植物,形狀也都不一樣。

我想起了在巴塞隆納看到的高第建築。

原來,有多關心……

高第
「人類的線是直線,上帝的線是曲線。」

就能看到多少!

| | |
|---|---|
| 開始栽培植物後,你會看到另一件事。 | 工作室樓下洗衣店的老闆、 |
| 巷子裡的每個角落, | 前面五金行和小吃店的老闆, |
| 隨意擺放的花盆。 | 都有栽培植物。大家都真心喜愛植物。真可愛。 |
| 原來有這麼多,我一直都不知道。 | 我也養成了觀賞街上花盆的興趣。哇~~龜背竹好大啊!花的種類真多啊! |

( #9 )

產生興趣,就意味著⋯⋯

變得更加關心,
我得試著種種看!

而一旦開始關心,
原來葉子長成這樣啊!

就能更清晰地看見那個領域。

興趣越多,
噔噔!
興趣

你看到的世界就越清晰,
原來有這種事!

值得一看的事物也就越五花八門。
有什麼好玩的嗎~

用興趣將我的世界塗抹得五彩繽紛。
嘿嘿真有趣。

# #10 生長與環境

我最初迷上植物時，
要帶走誰呢？

被形狀尖尖的葉子給迷住，

而帶走了裂葉蔓綠絨。
又稱為「春羽」。

由於是我很珍惜的植物，
自由生長的樣子真可愛。

所以很注意水和光線，
是半陰植物啊！

也將它放在通風最好的地方。

然而，幾年過去了……
唔…

仍幾乎沒有變化。
為什麼都不長大?!

（ #10 ）

| | |
|---|---|
| 我也在養裂葉蔓綠絨，／別人的裂葉蔓綠絨 | 加上工作室裡的其他植物…… |
| 但是長得太快，所以應付不來。 | 都長得很好，看來得剪枝了！ |
| 裂葉蔓綠絨長得很好？ | 所以我越來越煩惱。／袖珍椰子也長不大。 |
| 連營養劑都加了，就只有我的裂葉蔓綠絨長不大。 | 該不會是枯萎了吧？／問題出在哪??? |

但是有一天，

我去首爾植物園郊遊。

好久沒來植物園了啊！

首爾植物園

足球場大的巨大溫室，

分為兩大空間。

← 熱帶館　地中海館 →

哦…

叢林般的熱帶館有——

龜背竹、裂葉蔓綠絨、椰子…

我居然能分辨植物。

都是認識的植物呢！

哇……葉子跟人一樣大！

# #10

我一邊驚嘆著植物居然這麼大，
裂葉蔓綠絨這麼大…
一邊流著汗。
!
我的天！這裡又濕又熱。
要達到這樣的溫度與濕度，
熱帶植物才會長得好嗎…？
緊鄰的地中海館，
地中海館
得躲到旁邊去。
則照耀著和煦且溫暖的陽光。
這裡很乾燥呢！
經歷了極端不同的環境後，
關於溫度或濕度，
我從來沒有特別想過。
我恍然大悟。
沒錯！環境很重要啊！

| | |
|---|---|
| 回到工作室後， | 幾天後—— 裂葉蔓綠絨還好嗎～ 後陽台的門 |
| 由於又熱又潮濕，我把裂葉蔓綠絨… 這裡正合適！ | |
| 搬到當成倉庫使用的後陽台。 | 竟然一次長出了三片葉子！！ |
| 光線不太好沒關係嗎？ | 又過了幾天…… 葉子繼續生長！ |

(＃10)

好幾年不曾生長的裂葉蔓綠絨，

連袖珍椰子也在換了位置後，

它不會也一樣吧？

這溫度和溼度…

就是現在！

彷彿只為了等待今天，

就長出了新的葉子。

一口氣長出好多葉子。

沒想到稍微換了地方，

現…現在我有點害怕了…

就能長得這麼好…

以前我只關心……
陽性、
半陽性、
陰性…
光和風還有澆水，
快快
長大吧！
忽略了溫度與濕度，
%
℃
把它們全放在同一個
空間裡。
應該會
自己適應
吧？
雖然有的植物在這裡生氣盎然，
有的卻完全長不大。
枯萎也是
常有的事。
我以為
只要提供
陽光和水，
它們就會
自己適應。
原來找到
合適的環境
很重要啊！

（＃10）

無論用多好的肥料幫它們換盆，

即使插上最高級的營養劑，

只要放在不適合的環境中，

它們就不會成長。

在不適合的環境中，做著做著 總會有辦法的吧！

← 工科生時期的我

不會成長。

植物如此，

人也是一樣。

( #10 )

我在栽培植物之前，從來沒有認真思考過溫度和濕度。雖然偶爾查詢天氣時會看到溫度，但也只是模模糊糊的感覺到「今天很冷」、「下週很熱」，這樣遲鈍的生活著。開始栽培植物後，我才買了溫濕度計，並把它放在工作室中顯眼的地方。

18.9度、21.4度、24.8度。

當我用眼睛確認溫度和濕度的細微變化，才真正開始用身體去感受這些差異。空氣的感覺不同，吸氣時的觸感也不一樣。溫濕度的變動，也會使情緒和身體狀態產生細微的變化，甚至影響我工作時的專注程度。我變得對周圍的環境更加敏感。

為了好好栽培植物而努力學習、細心照料，讓我意識到，此前我對自己漠不關心。原本為了管理植物而購買的溫濕度計，反倒讓我開始關注自己。

讓陽光照進空間、保持通風、打開加濕器、調節溫度──這些原本是為了植物所做的努力，最終也讓我自己受益。在栽培植物的同時，我也一起照顧了自己。

# #11 苦難與逆境

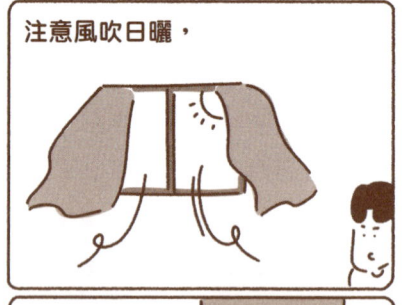

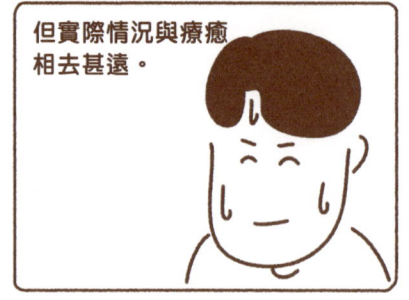

| | |
|---|---|
| 一提到栽培植物， | 需要不斷澆水，<br>「水很快就乾了！」 |
| 就會想到在綠色大自然中⋯⋯<br>「哦～芬多精～」 | 注意風吹日曬， |
| 悠閒療癒的樣子， | 還要兼顧溫度和濕度。<br>24.4℃ 62% |
| 但實際情況與療癒相去甚遠。 | 最重要的是— |

( #11 )

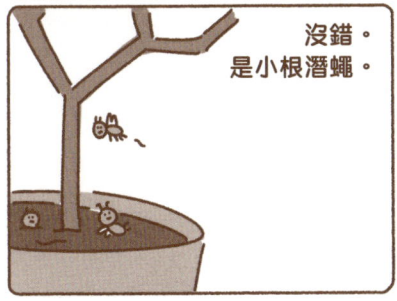

要注意…
哪裡總是
有蟲…？

一旦出現小根潛蠅，

啪！
啪！

就會瞬間殃及所有植物。

該不會在
植物裡…？

雖然想用各種方法
消除，

接招吧！
殺蟲劑！！

沒錯。
是小根潛蠅。

但牠們總是不知道從哪裡
不停的冒出來。

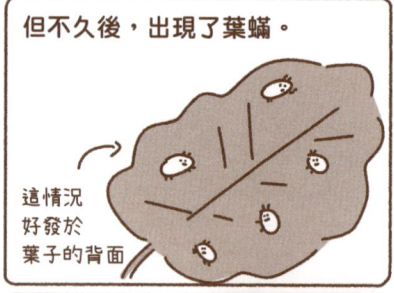

| | |
|---|---|
| 雖然我一度想放棄，<br>對蟲沒感覺<br>好吧！就一起生活吧！ | 竟然還要使用農藥。<br>加水稀釋後使用 |
| 但據說對植物有害。<br>幼蟲啃噬根部 | 小根潛蠅瞬間銷聲匿跡。<br>用農藥　果然有效！ |
| 雖然原本不想用⋯　這個方法。 | 但不久後，出現了葉蟎。<br>這情況好發於葉子的背面 |
| 最終我決定⋯⋯買農藥。<br>農藥 | 天啊！ |

( #11 )

栽培植物的過程中，所經歷的……

這麼快就到了換盆的季節。

無數苦難與逆境，

反而使我——

更愛它們。

長出新葉子了！

(＃11)

葉子都掉光的苦參刺槐……

枯萎了嗎…

幫長出新葉子的黃漆樹拍照，

葉子長得很可愛呢！

有一天長出了新葉子，

活過來了，活過來了！！

大小不一、聚在一起過冬的孩子們真了不起。

辛苦了，孩子們。

幫紮滿根的龜背竹換盆時發現…

根部很飽滿啊！

一邊感受歷經苦難與逆境後出現的小小幸福，

凡此種種，都令我欣慰。

嘿嘿

一邊栽培著植物。

# 從麻煩中尋找樂趣

如果想引起所有
與你來往的人注意，
可以試試做以下兩件事。
要不留頭髮，要不留鬍子。
由於我對留長它們都不感興趣，
所以想聊聊有關剪短的話題。

# #1 每天早上

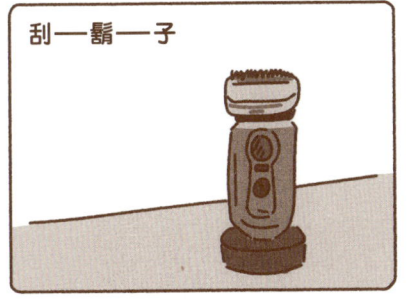

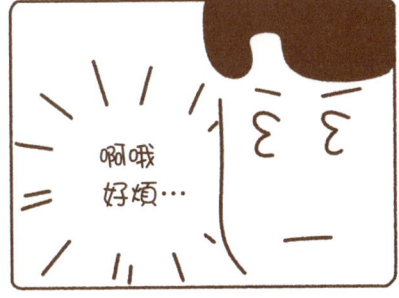

青春期開始,

又長高了。

嘴巴周圍長出黑色的鬍子後,

每天早上都會做一件事。

刮—鬍—子

唰—唰—

唰— 唰

不到一分鐘—

啊啊 好煩…

今天好像
不怎麼長
……
可以不用
刮鬍子。
媽媽
兒子…
你該刮刮
鬍子了。
不會是要
留鬍子吧？
今天你有
什麼事
要忙嗎？
最近
很累嗎？
整天聽到關於鬍子的事。
那小子的
刮鬍刀…

# #2 說到鬍子

對刮鬍子這個……

要不要乾脆除毛？

就是看人。

呵呵

困擾我一生的事情改觀，

是在幾年前的波多旅行。

我在波多生活了三週！

歐洲男人即使沒頭髮，也都有鬍子。

旅行的另一個樂趣

我要不要也留鬍子看看…？

在旅行的尾聲，
果然，旅行的句點就是紀念品。
我發現了一家老式修容用品店。
PORTO
喔…感覺對了。
吸引我注意的是
那個?!
印有帥氣蓄鬍紳士的刮鬍皂。
刮鬍皂…？
是刮鬍子用的香皂嗎？
旁邊是刮鬍刷。
以及各種刮鬍用品。
CREAM
西方人果然很注重刮鬍子。

( #2 )

好酷啊…
要不要買些刮鬍用品？
PORTO
…
但是我又沒長多少鬍子…
鬍子最大值
RTO
…
別浪費錢，看看別的東西吧！
…
…
咻
選得好！
請給我這個。

# #3 賦予樂趣

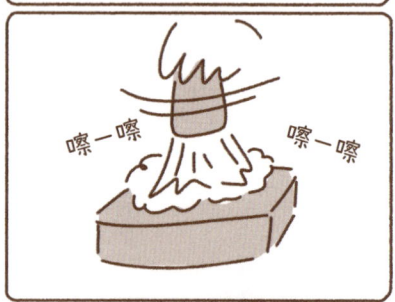

回到韓國後……

這個那個,買了很多東西回來啊!!!

第二天

啊哦…時差。

我從皮箱深處拿出刮鬍皂和刮鬍刷。

撕開包裝紙一看,就只是香皂啊!

該怎麼使用呢?

連電動刮鬍刀都嫌麻煩了,為什麼還買了這樣的東西!!

嚓一嚓　　嚓一嚓

明天得用用看。

嚓一嚓

116

(#3)

「如果躲不掉，就享受它吧！」

雖然這是陳腔濫調，但真理本來就是陳舊的道理。我有兩件躲不掉、只能享受的事，其中之一就是刮鬍子。每天早上在鏡子前重複那個短暫的事情，是那麼令人厭煩。

為了避免麻煩，我雖然嘗試換過一款更貴且性能更好的刮鬍刀，不過麻煩並沒有因為時間縮短而消失。反倒是從歐洲僅僅花幾歐元買回來刮鬍刷，讓刮鬍子從麻煩變成了享受。

用熱水浸濕刮鬍刷後，在刮鬍皂上揉搓出泡沫。在下巴和嘴巴四周塗滿泡沫。如果用刮鬍刀刮掉豐富的泡沫，鬍鬚自然就會被剃掉。雖然這麼說有點難為情，但如果在這過程中想像電影裡的精彩場景，樂趣就會加倍。

作為參考，另一件我躲不掉、只能享受的事是洗碗。避免洗碗成為麻煩的方法，留到下次有機會再說……

(#3)

方便不一定就是幸福,

不方便也不一定就是不幸。

有時在不方便中
發現的樂趣,

會讓每天早晨的開始,
從覺得麻煩,
變成感到興奮。

# #4 只要我喜歡

對刮鬍子感興趣後，
刮鬍子真是有趣!!

⋯

我發現了「經典剃鬚」的世界。

興趣的世界真是五花八門啊！

詢問了一位在理髮店工作的朋友，
你怎麼刮鬍子？
刮鬍子？

在這個朋友的幫助下，
沒⋯沒關係。
如果還有任何問題，都可以問我。

結果他光是刮鬍刀就滔滔不絕說了幾個小時。
果然，刮鬍子還是經典剃鬚最讚。有種東西叫雙面刮鬍刀⋯

我還買了經典刮鬍刀。
因為是經典剃鬚，應該很有趣。

(#4)

因為刮鬍刀有點危險，結果見了血，

沒必要非得像別人……

打出泡沫塗抹它，才有趣。

又見血。

???

那樣鑽研深究。

嘿嘿

難道這是殺傷性武器嗎…?

如果只是以我喜歡的方式去做，

嘿嘿

趕緊放棄吧！它不適合我！

那就是興趣。

## 每天早上浸入水中

據說，光是早上起來整理被窩，
這小小的成就感就能改變你的每一天。
那麼如果每天早上都在游泳池裡穿越水流，
一天會有多大的變化？
我堅持不懈地嘗試過後，
只感覺全身疲累。

## #1 天堂般的尼斯

幾年前我去了法國尼斯。

聽說尼斯非常棒…

然而比起這一切更令我印象深刻的是：

哦！

充滿個性的建築、

歐洲人無論男女老少，

礫石海灘、

都只穿著一件泳衣、

蔚藍的天空和一望無際的大海，

像海狗般在海裡游泳。

**尼斯的遊客與當地人**

遮蔽身體的華麗衣物

自拍

不會游泳

遊客

當地人

泳裝或裸體

像海狗般游泳

(#1)

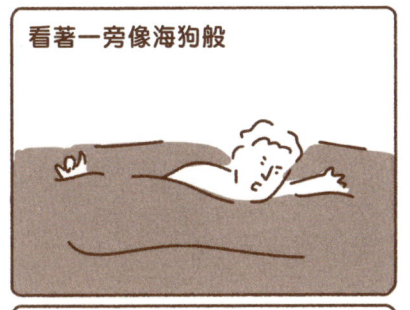

沉醉在尼斯海邊悠閒的氣氛中，

這裡
是天堂啊…

看著一旁像海狗般

我取消了所有的行程，

應該
好好享受
海邊。

也買了
泳衣

游泳的外國人，

四天三夜的時間裡，
都在海邊看書、

我下定了決心。

游泳
好帥啊…！

將身體泡在水中，
如此度過。

到這裡為止
是安全的。

回國後
我就去學
游泳吧！

125

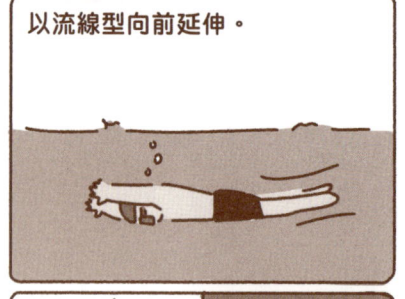

| | |
|---|---|
| 回到韓國後,每天早晨…… | 我調整泳鏡, |
| 我還沒醒來的…… | 想像尼斯蔚藍的大海, |
| 各種身體知覺, | 以流線型向前延伸。 |
| 都以游泳池裡的冷水一一喚醒。 今天的水有點冷! | 以游泳展開的一天,渾身舒暢。 |

(#1)

就這樣,我在三個月期間,

沒有一個早晨缺席,

每天都前往了游泳池,

然而,卻沒能征服游泳。

由於我從小運動神經就很好,所以每當有足球、籃球、棒球等運動時,我都會衝第一。比起動腦,我對動身體更有自信,唯獨游泳沒有成功。我大約報名了五次游泳課,但每次都沒有學成。

我既不是怕水,也不是不會漂浮。而是他們要我邊「吸吐吸吐」邊呼吸,但是我游泳時就是無法呼吸。明明吸滿了氣,不知道是不是空氣在體內蒸發,肺部不斷渴求著氧氣。呼吸變得越來越急促,為了生存而掙扎,情急之下,總是喝了一堆池水到肚子裡。

因為沒有進展,我很快就對游泳失去興趣,最終還是放棄了。

## #2 人總是會犯同樣的錯誤…

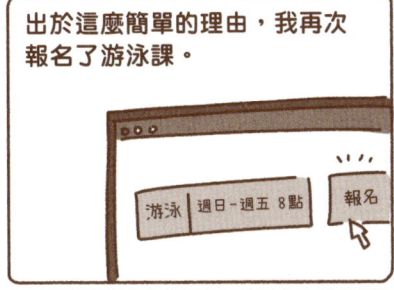

幾年後我成為自由工作者。

由於自由工作者可以在任何地方工作,

說是自由工作者,其實一點也不自由。

在度假勝地邊游泳邊工作,應該很酷。

反而是以前上班的時候,更常去旅行。

正在看以前的照片

出於這麼簡單的理由,我再次報名了游泳課。

游泳 週日-週五 8點 報名

尼斯…尼斯?!

這次真的成功了!

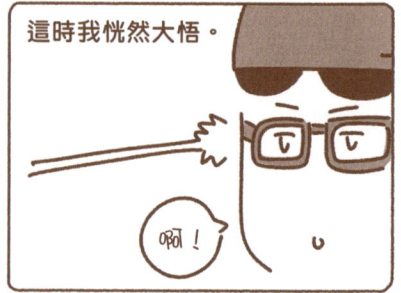

| | |
|---|---|
| 到底為什麼學不會？ | 該死的吸吐吸吐… |
| 我重新站上低於初級班的…<br>問題出在呼吸… | 到底是要怎麼呼吸啊… |
| 基礎班兒童泳道上。<br>水深0.7米 | 兒童泳道太丟臉了，<br>我得趕快脫離這裡…… |
| 請抓著浮板，做吸吐、吸吐。 | 這時我恍然大悟。<br>啊！ |

# #3 不要重蹈覆徹

這段期間我為了盡快脫離兒童泳道，
雖然連正常呼吸都沒有辦法，
好像差不多了……
還是進入了下一個階段。
來到成人泳道心裡感覺很舒坦！
因為就連最基本的都不會，
得憋著氣往前游啊！
所以才會始終沒有進步。
我的腳該怎麼做？
這次如果吸吐吸吐還是不行，
我就絕不離開兒童泳道！
這位會員，請呼吸！！

走路時也吸吐吸吐,
用鼻子吐氣,
用嘴巴吸氣,

在家中的洗手台也吸吐吸吐,
就是這種感覺嗎?

只專注於最基本的吸吐吸吐,

有一天,我突然能夠在水中呼吸了!
欸?!不會吧!我在呼吸呢?

( #3 )

又過了三個月，我終於……
呼一哈
脫離了兒童泳道，
成人
兒童
成為成人泳道的起點、
6 5 4 3 2 1
基礎班的一哥。
會呼吸後進步很快啊！
最基本的呼吸都解決了，
就跟著進度前進。
仰式挺輕鬆的。
如果說以前是憋氣在水中奮力掙扎，
哇哦，好累啊！
現在終於有了「游泳」的感覺。

# #4 放輕鬆

呼哈
呼哈
學游泳時，
今天也很暢快啊！
最常聽到的一句話：
這位會員！
請放鬆。
放鬆您的脖子。
…
放鬆您的肩膀，
放鬆您的腿。
放鬆的話，感覺就會死？
不會的，您儘管放鬆。

# #4

這還不簡單，
不就放鬆嘛。
?
沒想到竟然往下沉。
為了不往下沉……
而奮力向前的話，
反而會累到
沉下去。
看來是
命運吧…
其他人已經來回
好幾趟！
為什麼會
這麼難…？

| | |
|---|---|
| 抖一抖 　游泳池 | 這時我突然想到：　！ |
| 教練一直要我放鬆…但是我… | 讓你放鬆這句話，　請放鬆。　先放鬆～　力量！　放鬆。 |
| 就算用力也無法向前… | 無論是畫畫的時候，　放鬆你的手！ |
| 結束游泳後，全身無力。 | 學鋼琴的時候，　放鬆你的手指！ |

# #4

還有不管做什麼運動，
放鬆
您的肩膀。
即使是學開車的時候，
放鬆
放輕鬆～
甚至是寫文章的這個瞬間，
作家，
寫作時請你
稍微放鬆。
初次開始做某件事時，
入門指南
經常會聽到別人…
這樣叮嚀。
請放鬆。
全都要你
放輕鬆。
說得簡單～

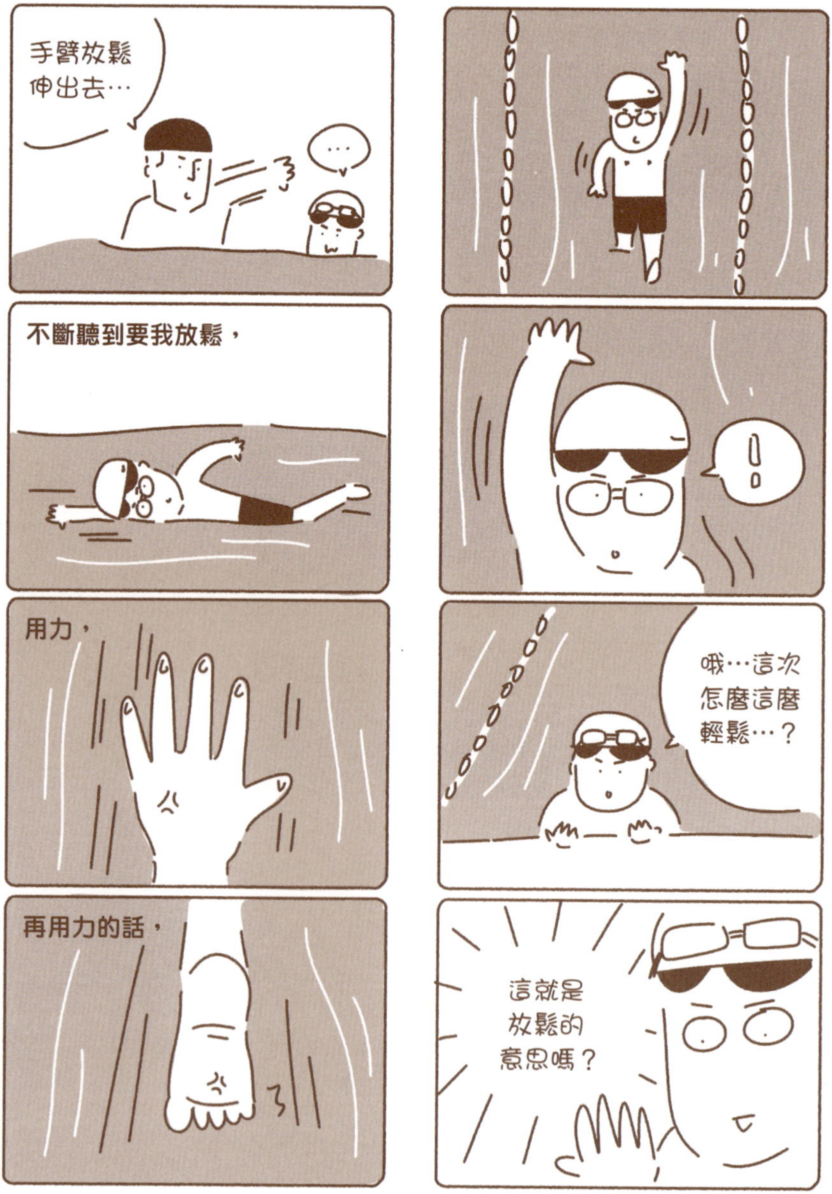

手臂放鬆
伸出去…
…
不斷聽到要我放鬆，
用力，
再用力的話，
！
哦…這次
怎麼這麼
輕鬆…？
這就是
放鬆的
意思嗎？

( #4 )

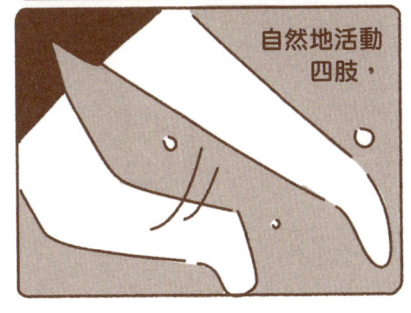

| | |
|---|---|
| 真正放鬆時， | 抓水時放鬆， |
| 反而做得更好。 | 推開時再用力。 |
| 把身體交給水， | 當身體學會何時用力和放鬆時， |
| 自然地活動四肢， | 就向前邁進了一步。真有趣!! |

「請放鬆!」

這是每當開始嘗試新事物時,聽都聽到膩的話。雖然以靈魂出竅的氣勢深深嘆了口氣、放鬆全身,然而馬上就會用力。越是為了放鬆而掙扎,就越是用力。到底要怎麼放鬆?

當老師所說的「放鬆」,聽起來像是不負責任、甚至令人討厭的時候,我就會感覺到力量正一點一滴的消失。或許,「放鬆」是只有用力、再用力、用力到底的人,才能達到的境界。

用力到底、再放鬆到底。達到可以自然控制力量的那一刻,不知不覺間就擺脫了初學者的身份。

# #5 游得更快

進階下一班時，
2
1
出現了新的裝備——
真不敢相信我也會買這個。
正是蛙鞋！
現在我也是真正的游泳者了！
但是穿戴上蛙鞋，
會有什麼不同呢？
居然——
好像裝了馬達！

| | |
|---|---|
| 咻嗚嗚嗚 | 但是老師的表情不太好。 |
| 有了蛙鞋，就算大韓海峽，我也能成功橫渡。 | 這位會員，您知道為什麼要穿蛙鞋嗎？ |
| 每週兩次穿上蛙鞋的日子，蛙鞋日！ | ？ |
| 今天是好好享受的日子！能輕鬆且愉快的游泳。 | 不是為了好玩嗎…？？ |

# #6 蛙鞋的真正用途

蛙鞋
不是為了好玩
才穿的，
而是矯正
姿勢的
輔助工具。
用這個怎麼
矯正姿勢…？
穿蛙鞋的話，會獲得
浮力和推進力，
讓下半身變得輕鬆，
因此可以少花點心思
在下半身上。
這時將剩下的能量
專注於上半身
以及呼吸上，
矯正錯誤的姿勢，
檢查那些
自己原本
……
沒能留意
到的細節。

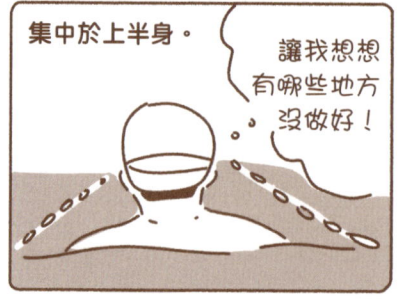

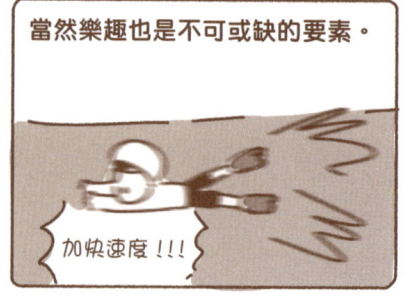

| | |
|---|---|
| 原來含意這麼深！ | 檢查因為太累，保持右手的角度， |
| 之後每當穿上蛙鞋的日子，鴨子嘎嘎[1] | 胳膊再張開一點，而沒有注意到的細微動作。 |
| 我就把用在下半身的能量， | 接下來只專注於下半身。感覺就像推水一樣， |
| 集中於上半身。讓我想想有哪些地方沒做好！ | 當然樂趣也是不可或缺的要素。加快速度！！！ |

[1]「蛙鞋」在韓文中是由「鴨子」和「腳」組成，也有「蹼」的意思。

( #6 )

蛙鞋不是為了游得快,

而是為了端正姿勢才穿的!

讓下半身放鬆,

專注於上半身。

畫漫畫的時候,

必須同時注意文字和圖畫。

如果想同時做兩件事,

不會有任何進展,只會不斷的修改。

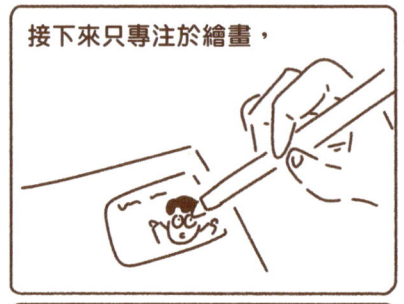

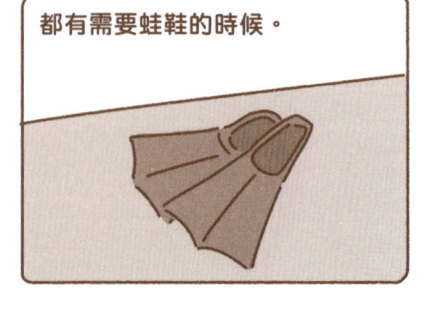

| | |
|---|---|
| 每當這個時候，我就會想起蛙鞋。 | 接下來只專注於繪畫， |
| 如果把繪畫工具都整理好， | 就能稍微取得進展。這是蛙鞋效應嗎… |
| 一開始只專注於寫作。 | 無論是游泳還是人生， |
| 這部分有點尷尬。 | 都有需要蛙鞋的時候。 |

# #7 瓶頸

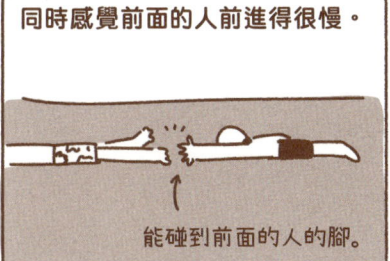

| | |
|---|---|
| 如果堅持不懈地接受游泳培訓， | 也對自己感到滿意。<br>我或許有游泳的天分？ |
| 就會越來越有自信， | 等著吧，尼斯!! 亞洲海狗來了！ |
| 同時感覺前面的人前進得很慢。<br>能碰到前面的人的腳。 | 這份自信被擊碎時，<br>這位會員，從下個月起請移往旁邊的泳道。 |
| 調整速度的同時，<br>我一開始也是這樣。 | 正是在換泳道的瞬間。<br>不知不覺間升上了中級班…！ |

| | |
|---|---|
| 只是往旁邊移了一排而已，<br>「這樣下去，要參加比賽了吧？」<br>站在最後面。 | 感覺就像要斷了氣。 |
| 大家都是海狗。 | 呼呼 |
| 為了不落後，<br>彷…彷彿觸手可及。 | 微微搖頭，示意旁人讓開。 |
| 拚命用盡力氣揮動胳膊的話， | 好…好…好可怕。 |

( #7 )

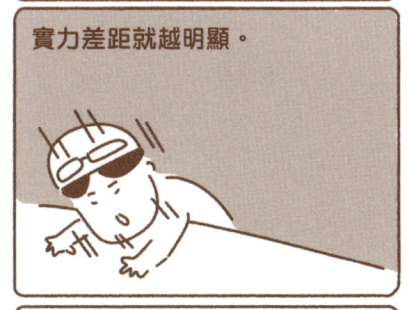

| | |
|---|---|
| 仰式、蛙式、蝶式， | 自然而然就會陷入瓶頸。 |
| 越困難的游泳方式， | 無論如何， |
| 實力差距就越明顯。 | 總覺得游泳沒有進步。 |
| 在最後掙扎時， | 難道我沒有游泳的天份嗎？ |

| | |
|---|---|
| 這種時候， | 今天能成功嗎？ |
| 甚至早上都不想去游泳。 | 看來沒有天份。 |
| 即使如此還是出於習慣起床， | 今天能成功嗎？ |
| 前往游泳池。 | 只有我不行！ |

( #7 )

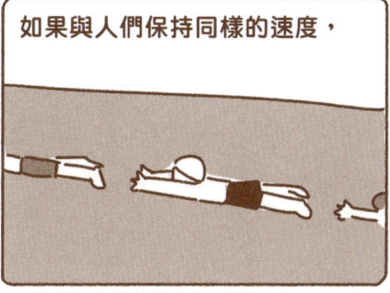

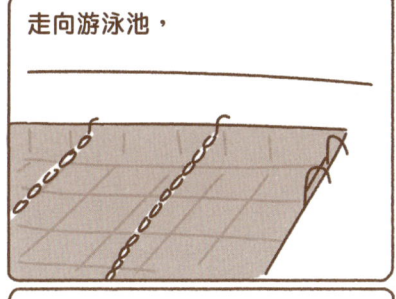

只要默默地……
天氣變涼了呢!

如果與人們保持同樣的速度,

走向游泳池,

今天還不錯!

不知不覺間就會來到最前面。

呼吸就會變得輕鬆。

我的手指是不是長長了一點?

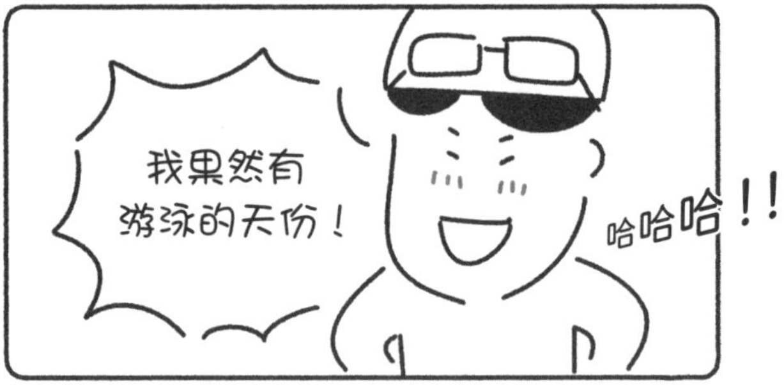
我果然有
游泳的天份！
哈哈哈!!

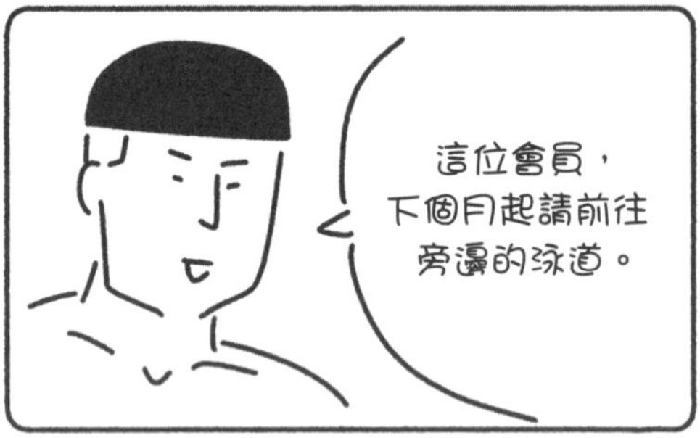
這位會員，
下個月起請前往
旁邊的泳道。

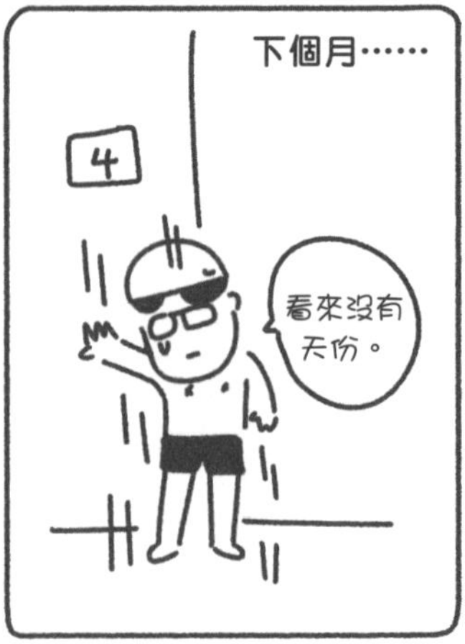
下個月……
4
看來沒有
天份。

(#7)

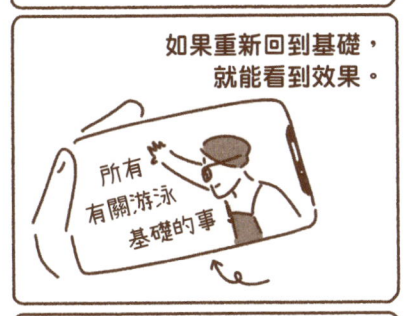

| | |
|---|---|
| 瓶頸一般會陷入停滯期。 | 現在可以理解了。<br>我以前不知道,但是…　學過一點後,明白了其中的意思。 |
| 這種時候,<br>為什麼沒有進步呢… | 如果把散亂的基礎整頓好,　保持手臂動作時, |
| 如果重新回到基礎,就能看到效果。<br>所有有關游泳基礎的事 | 基礎果然很重要…　就會進步一些。 |
| 剛開始學習時,無意間忽略了的內容,<br>腳不要彎曲…… | 游泳和人生非常相似。 |

153

| | |
|---|---|
| 我克服瓶頸更明確的方法…… 又…又陷入瓶頸？ | 購買裝備, 明天要穿去～ |
| 其實很簡單,就是— | 也是我的興趣, 有很多漂亮的泳衣啊！ |
| 嘿嘿 | 新裝備可以改變心情。 |
| 買一件新的泳衣！ | 比起實力,您的泳衣增加得還更快呢！ 哈哈哈 |

## #8 在海裡游泳

進入炎熱將近尾聲的九月,

久違的大海啊!

我很晚才去了濟州島度假。

喜歡海水浴的人們。

自由啊!自由!

本來我沒打算下水…

可以看到翡翠綠的大海。

在海裡……游泳嗎…?

在下榻處大致收拾行李，
幸好找到海邊附近！
懷著興奮的心情走向大海。
大海!!
如果說我在尼斯學到了什麼，
大海!!
那就是「在海邊只穿泳衣」。
這是我學游泳以來，第一次離開游泳池，
我可以游泳嗎？
濺起一水花
水不怎麼深啊！
豪邁地投入其中。

( #8 )

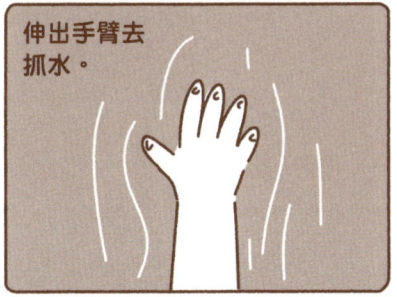

身體比在游泳池時還容易浮起來。

哦…

只在海水外面玩時不知道，

接住！！！

伸出手臂去抓水。

游泳的時候含到了海水，

向前移動時呼氣的瞬間，

比想像中還要鹹上幾千倍。

就是鹽塊啊！！！！

哦…鹹…

啊哦，好鹹！！！！

在這裡怎麼游泳呢…？

唔…
漂浮在海面上。
儘管如此，我還是再次下海。
嘿嘿
真有趣！
將臉伸出水面，用狗爬式游泳…
仰式容易多了。
原來學蛙式是有原因的。
嘻嘻嘻～

( #8 )

只在水外面呼氣。

就這樣產生了自信。
自由式也再來一次吧?

祕密武器!! 抬頭的自由式!!

在海裡游泳… 成功惹…?

小心翼翼把頭放入海中。

經過幾次錯誤的試驗後,

在水裡絕對不要張開嘴巴。

我終於能暢遊濟州島的大海。

| | |
|---|---|
| 濟州島的大海— | 自由式、蛙式、仰式、蝶式。 |
| 不深且底部平坦， | 在海邊度過了三天二夜。 |
| 彷彿波濤起伏的游泳池。 | 沒想到海泳可以成功。 |
| 我一邊感受波濤，一邊游著。<br>來吧!! | 好神奇啊…!! |

( #8 )

幾年前在尼斯海邊，

看到游泳的人們，

哇！

我只能羨慕，沒想到⋯

我也想游泳⋯⋯

現在我竟然在海裡游泳！

我不是某天心血來潮,才會去游泳,

呀呀!!

而是每天早晨拖著還昏昏沉沉的身體,

前往游泳池努力學習,才有今日的成果。

今天能成功嗎…???

因此心中湧現滿滿感動。

等著吧,尼斯!

( #8 )

跟朋友或熟人聊天時，如果說到「我每天早上都會游泳」，他們會對我產生兩種看法：「認真的人」或「悠閒的人」。

事實上，我既不認真、也不悠閒，所以有點尷尬。我只是因為晚上有很多工作或約會，所以才會選擇早上去游泳池。

早上游泳的方法很簡單。一旦你突破激烈的競爭，好不容易在附近的運動中心報名成功，你就一定會去。

雖然一開始有點累，但是如果堅持下去，身體就會逐漸適應。在水中展開一天，非常舒暢。

問題反而出現在身體習慣了以後。現在，我如果早上不游泳，會感覺這天少了什麼，一開頭就卡卡的。身體痠痛，心情也不好。習慣這種東西真是可怕。

當我聊完游泳，提到晚上還會去跑步時，朋友對我的兩種看法就會合而為一。

「啊…是個既悠閒又認真的人啊！」

既悠閒又認真的人。那樣的生活，確實令我嚮往。

# 擺脫無聊日常的方法

墨守成規：總是採取某種陷入框架的
固定方式或態度，
因而失去新鮮感和獨創性。

# #1 作家的空間

位於鐘路區盡頭、北嶽山下的——

往往令每個來訪者…

沒什麼特別的。

寧靜工作室。

都稱讚不已。

哇…在這裡工作真的太好了!

琳瑯滿目的獨特物品和…

事情自然水到渠成。

工作應該很順利。

好酷喔。

真羨慕。

各式各樣的植物。

其實並非如此……

165

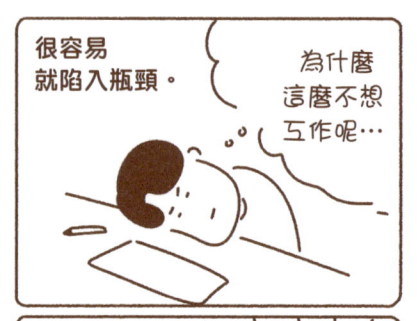

| | |
|---|---|
| 由於總是在同一個空間… | 很容易就陷入瓶頸。 為什麼這麼不想工作呢… |
| 獨自工作， … | 好，走吧！ |
| 不但缺乏新鮮感， … | 去尋找新鮮玩意！ |
| 加上工作性質重覆， … | 我去的地方主要是美術館、 |

( #1 )

裝潢感性的
咖啡廳、
竟然是有工作室的咖啡廳…
源自日本的…
D&DEPARTMENT
圖書館或書店，
什麼書大受歡迎～
永續設計商店，
韓國在首爾和濟州島都有分店。
還有現在要說的—
到了。
銷售不受流行或時代影響、
D&DEPARTMENT！
專注於本質的商品。
可回收的物品也很多呢！

| | |
|---|---|
| 即使是看似平凡的商品，<br>就只是個塑膠箱子。 | 但是有一點很奇特，<br>唔 |
| 也為我帶來新的視角， | 雖然沒有進什麼新的商品， |
| 空間本身也能提供靈感，<br>裝潢也很漂亮！ | 但每次去的時候，物品布置都完全不同。 |
| 即使沒有特別的原因，只要有時間，我就會去逛逛。 | 布置又變了啊？<br>為什麼老是更換…？ |

（#1）

這個問題的答案，也是一件大工程啊！

搬動

不僅是顧客，就連店員…

歡迎光臨～

可以在創辦人長岡賢明的書中得到確認。

D&DEPARTMENT
在D&DEPARTMENT學習
打造一家人情味滿而至的商店的方法。

也不會感到厭倦，

唔…

「透過改變賣場內部的布置，」

同時發現商品的新魅力。

放在這裡感覺不太一樣！

為顧客帶來新鮮感。

好酷的椅子啊！！！

哦…原來如此?!

D&DEPAM

169

# #2 營造新鮮感

由於商店的特性，
就算賣的是相似的商品，
剛來這裡的時候，
這就是傳說開始的地方嗎？
卻總是讓人感覺新鮮，原來這樣能激發靈感！
室內裝潢小物也是透過直購才好不容易買到，
那時腦海中浮現了我的工作室。
「新鮮感」……
去工作室的時間，
十坪出頭的空間。
心中滿是興奮…
感覺自己成為了真正的作家。

( #2 )

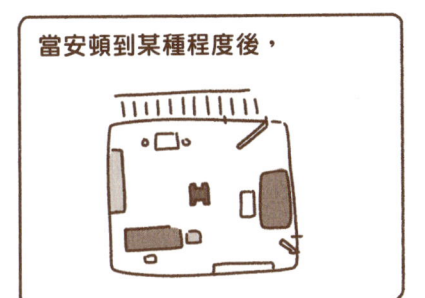

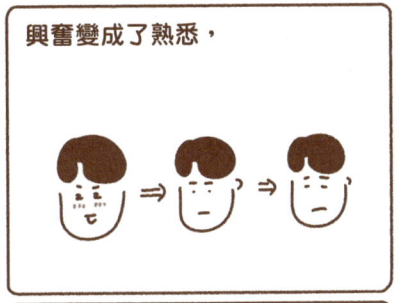

當安頓到某種程度後，

興奮變成了熟悉，

此後就沒什麼變動，
一直這樣使用著。

在反覆的相似日常中，

又是
工作室。

一旁的角落像倉庫一樣，
堆放著雜物。

工作室變成了一處無聊的空間。

…

只有繼續使用正在使用的空間。

只使用
書桌的
周圍！

不能再
這樣下去！

那時起的興趣：
D&D PAP-TAN-FOOD
謝謝你
D&D ～
改變工作室的布置。
我要全部
都換掉！
每隔三個月換季一次，
現在是
秋天嗎
??
把架上的書全都拿出來。
發現了被遺忘的書。
我有這樣
的書？
搬移書桌和沙發，
擺放成和以前不同的
方向。
我應該
把它改成
面向窗戶
嗎？
有時也會放在出乎意料的地方。
把桌子
放成
對角線

（#2）

| | |
|---|---|
| 如果也搬移物品和花盆、<br>時鐘也換到另一個方向！ | 坐在書桌前面時，<br>這個方向是第一次呢！ |
| 打掃和整理的話，<br>這段時間，角落已經堆滿灰塵了啊！ | 如果視野變得不同， |
| 一整天就這樣過了。<br>這也是工作。 | 感覺就像來到新的空間。<br>感覺完全不一樣！ |
| 即使如此還是很滿足！ | 不知道為什麼，工作效率似乎也變好了！ |

利用浪費的空間,

角落裡很適合放燈!

發現各種物品的新用途。

用玻璃杯當花瓶,怎麼樣?

小小的新鮮感,就能將無聊再次變成興奮。

(#2)

| | |
|---|---|
| 當季節再次變換,<br>這麼快就冬天了嗎… | 就算再喜歡的布置,<br>現在很完美… |
| 布置變得熟悉時, | 也全都推翻。 |
| 我再次掀翻工作室。 | 透過稍微改變布置,就能夠獲得新鮮感~ |
| 這次面對牆壁吧! | 還可以讓人不再感到無聊! |

# 您喜歡
# 看電影嗎？

「您的人生電影是什麼？」
想要打破尷尬的氣氛，
這是最有效的問題。
每個人選擇的人生電影，都有各自不同的理由，
透過那些電影，彷彿能概略地窺見對方的人生。
順帶一提，我的人生電影是《樂來越愛你》。

## #1 其實……

我的筆名是「宅在家」,

也經營電影評論帳號,

3.1萬追蹤者

我畫的影評漫畫有數十萬人觀看,

雖然我以電影迷的身份為人所知,

我跟很多電影公司……

但其實直到不久前,我才開始喜歡看電影。

進行多種合作,

請多多指教!

?! ??!!

即使我還是大學生時，
CGV
電影對我來說，
學校附近開了家電影院啊！
也只是和朋友一起打發時間，
沒課要幹嘛???
要不要看電影？
或者約會的行程，
?
週末做什麼好呢？
要不要看電影？
再不然就是節日時……
9
6
偶爾看看。
中秋節特選電影
今年要看什麼電影…？
差不多就是這些。
Z Z Z

#2 閃耀的目光

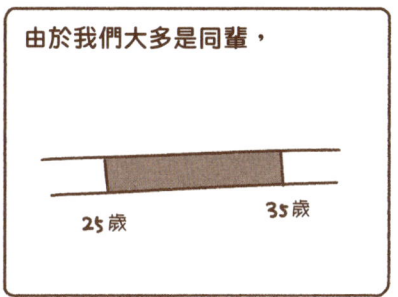

大學畢業後，

出社會後，應該會有很多有趣的事吧？

由於我們大多是同輩，

25歲　　　35歲

我到一家內容平台公司上班。[1]

所以經常一起喝酒，

公司裡有許多充滿個性的人。

也進行了很多積極進取（？）的對話。

什麼是好的內容？

好多很酷、像瘋子一樣的人啊…

像知識份子一樣，很酷吧？

[1] 內容平台公司擁有大量作家或創作者，能針對不同客戶需求提供文章、影片、podcast，以及其他媒體形式的內容，幫助他們行銷或建立品牌價值與知名度。

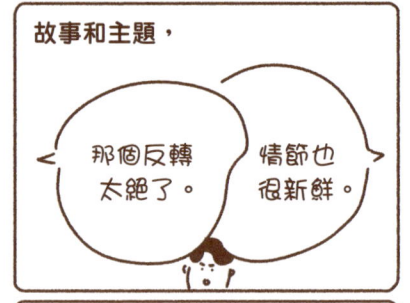

| | |
|---|---|
| 每次這種場合必定登場的主題—<br>你們看過那個了嗎？ | 故事和主題，<br>那個反轉太絕了。 情節也很新鮮。 |
| 就是電影。<br>這次上映的電影… | 雖然不知道在講什麼，但看起來很有趣。 |
| 那位導演之前的作品很不錯說。 | 以電影為主題聊了好幾個小時。 |
| 喜歡的導演或演員、<br>這次就有點可惜。 演技不錯。 | 他們的眼睛閃閃發光。<br>火—花 |

(#2)

回家的路上。

電影真的那麼有趣嗎…？

# #3 上班族的興趣

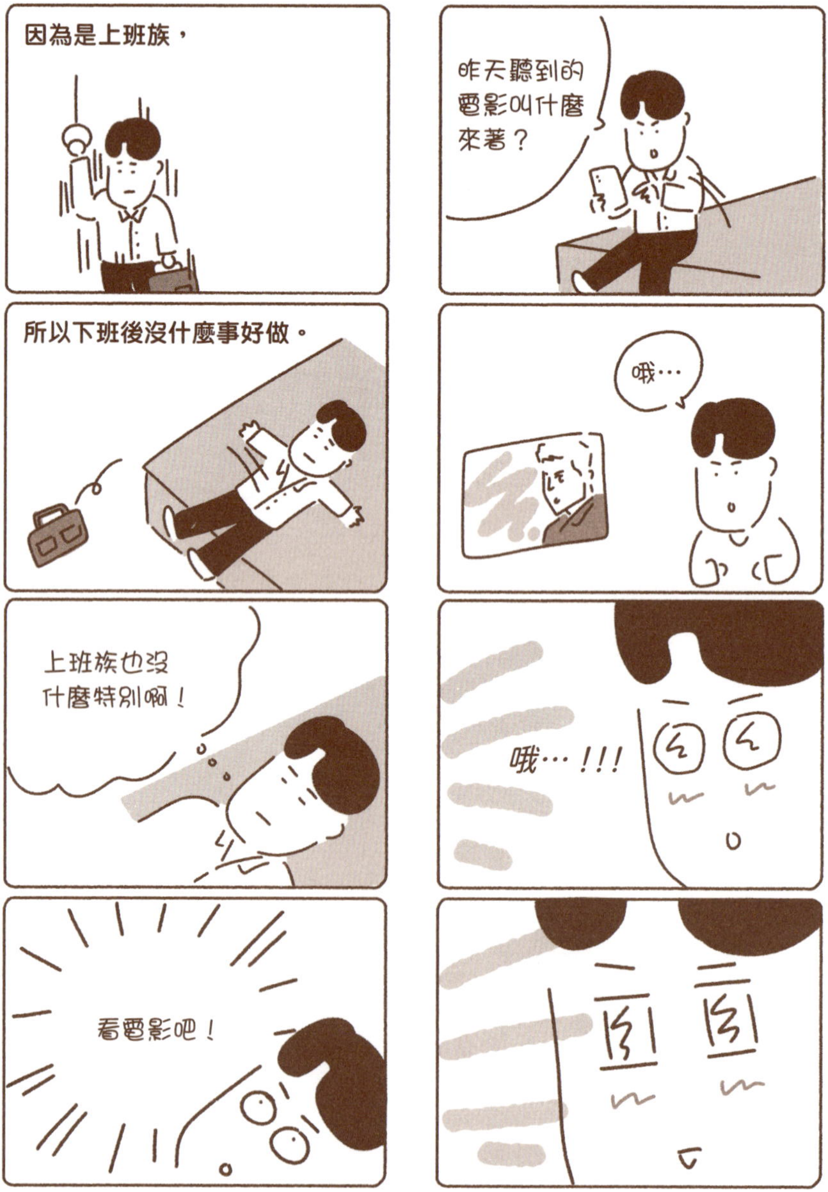

(#3)

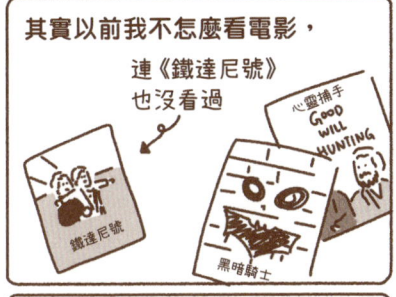

今天要看什麼電影呢??

其實以前我不怎麼看電影，連《鐵達尼號》也沒看過

鐵達尼號 / 心靈捕手 GOOD WILL HUNTING / 黑暗騎士

我從非常有名的電影開始，

死前必看的100部電影 MOVIE

所以寶藏般的作品堆積如山。

根本不用選啊！

到觀眾評分高的電影，

大眾化！

「買沒看過的眼睛」[2] 這句話就是用在這種時候嗎？

以及評論家給予滿分的電影。

有點難懂啊！

我就這樣開始看電影了。

MOVIE

〔2〕原文「안 본 눈 산다」的直譯，原本的意思是「不喜歡眼前的事物，希望自己沒有看到」，也引申為「我希望可以假裝沒有看到（它）」（I wish I could unsee that.）。

| | |
|---|---|
| 每天晚上下班途中， | 一邊喝著涼爽的啤酒， |
| 我都會去便利商店， | 一邊看著想看的電影。 |
| 買四罐啤酒… | 這就是幸福吧！ |
| 和簡單吃的下酒菜。 | 那段期間大約胖了十公斤。　太過幸福了嗎？ |

(#3)

一片、兩片，

透過這種電影，擴展了欣賞的範圍。

有趣～真有趣！

愛情片　喜劇　戲劇

看過的電影越多，

如果發現喜歡的導演，

大衛・芬奇

對電影就越感興趣。

-THE END-

就會找他以前的作品來看。

早期的作品也很多啊！

我喜歡故事緊湊的劇情片。

電影是導演的遊戲。

● 我正式開始看電影時喜歡的導演 ●

為數不多、兼具藝術性和大眾化的導演。
不僅是有名的作品，
早期的作品也都很有趣。
是我剛開始看電影時，
最有信心不會踩雷的導演。

克里斯多福・諾蘭

因為他是比較年輕的導演，
所以作品並不多，
但是《樂來越愛你》和《進擊的鼓手》，
都是讓我迷上看電影的關鍵作品。
我也喜歡他近期
評論褒貶不一的作品。

達米恩・查澤雷

一位以柔和色彩，
以及強迫左右對稱構圖
帶來視覺享受的導演⋯
一開始只是喜歡而已，
但是反覆咀嚼電影中的信息後，
讓我更加喜歡他的作品。
使用定格攝影的動畫，也是一流。

魏斯・安德森

## #4 在電影院裡看電影

| | |
|---|---|
| 生平第一次⋯ CINEMA | 在黑暗的空間裡獨自面對銀幕， 開始了。 |
| 一個人來電影院。 | 全然專注於電影。 |
| 看起來不會很奇怪吧？ | 電影果然就應該在電影院裡看！ |
| 當然，根本沒有人在乎。 | 即使現在，我也常常一個人看電影。 POPCORN |

| | |
|---|---|
| 電影結束後，<br>-THE END- | 回到家後， |
| 回家的路上， | 也會查看評論家的分析。<br>這是我個人的看法… |
| 我細細回味著內容。<br>結局究竟是什麼意思呢？ | 哇…好扯…居然有這麼深的含意！ |
| 主角為什麼做出那樣的舉動？ | 之後還想再看一次！ |

# #5 您喜歡電影嗎？

看完電影的隔天，
我和同事一起聊電影。
看過那部電影嗎？
你到現在才看了那部電影喔？
音樂真的很好聽。
色彩絕了。
即使大家看了同一部電影，
印象深刻的部分和感受到的情感，
每個人都完全不同。
果然人有百百種。

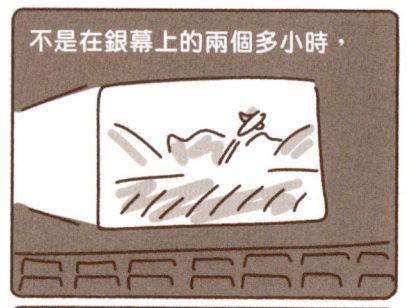

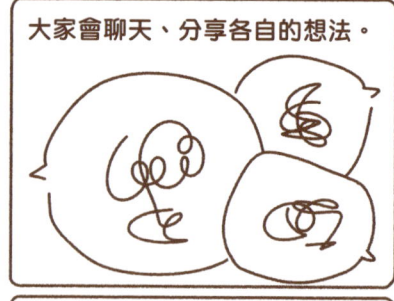

| | |
|---|---|
| 雖然話題以電影開始,<br>背景不是法國嘛!我去巴黎的時候… | 不是在銀幕上的兩個多小時, |
| 但是加上各自的想法和經驗等, | 而是電影結束後, |
| 話題隨之無限延伸。 | 大家會聊天、分享各自的想法。 |
| 電影真正的魅力, | 在銀幕外更廣泛的交流。<br>比電影本身還要有趣! |

( #5 )

「電影開始兩次，第一次在電影院裡，第二次在電影院之外。」評論家李東振（音譯）在他著作的序言裡，曾這樣寫道。

我對電影不感興趣時，電影始於買爆米花那刻的興奮，結束於片尾字幕上升的瞬間。喜歡看的電影也大多是主題明確且沒有太多異議的作品。

然而自從我對電影感興趣以後，更喜歡電影結束後回味的過程。細細品味故事、思考導演的用意，並賦予它自己的意義。收集並分類喜歡的部分、覺得可惜的部分，以及難懂的部分等。透過與其他人交談，重新整理那些片段。

現在對我來說，電影這個興趣，或許是從銀幕上片尾字幕上升的瞬間開始……

## #6 更深入電影

在公司上班的那幾年，

隨著一一涉獵知名電影，

電影，

下班後做什麼都有點尷尬…

可看的電影越來越少。

沒有一眼就吸引我的作品。

成了我最常接觸的興趣。

一部電影剛剛好！

今天看什麼好呢？

明天去公司得聊聊這部電影！

我開始花更多時間挑選電影。

(#6)

有沒有能更享受電影的方法?

而且上映的地點是獨立電影院。

ART CINEMA | ART

當時吸引我注意的,正是——

哦哦

獨立電影院…

獨立電影與藝術電影!

ART MOVIE

← 藝術電影又稱為「多元化電影」。

不知道為什麼看起來這麼酷。

哦…應該很有趣!

我馬上就訂了位。

預定

| | |
|---|---|
| 就連首爾也為數不多的獨立電影院。<br>ART CINEMA<br>這裡…對嗎？ | 那個場次大約有六名觀眾。 |
| 在小禮堂般樸素的空間裡，<br>是這裡嗎…？ | 在那個連呼吸聲都能聽得一清二楚的地方，<br>… |
| 有三十多個座位， | 電影開始了。<br>哦… |
| 緊貼觀眾席的小銀幕，<br>好近啊！ | 好像變成真正的電影迷了。 |

(#6)

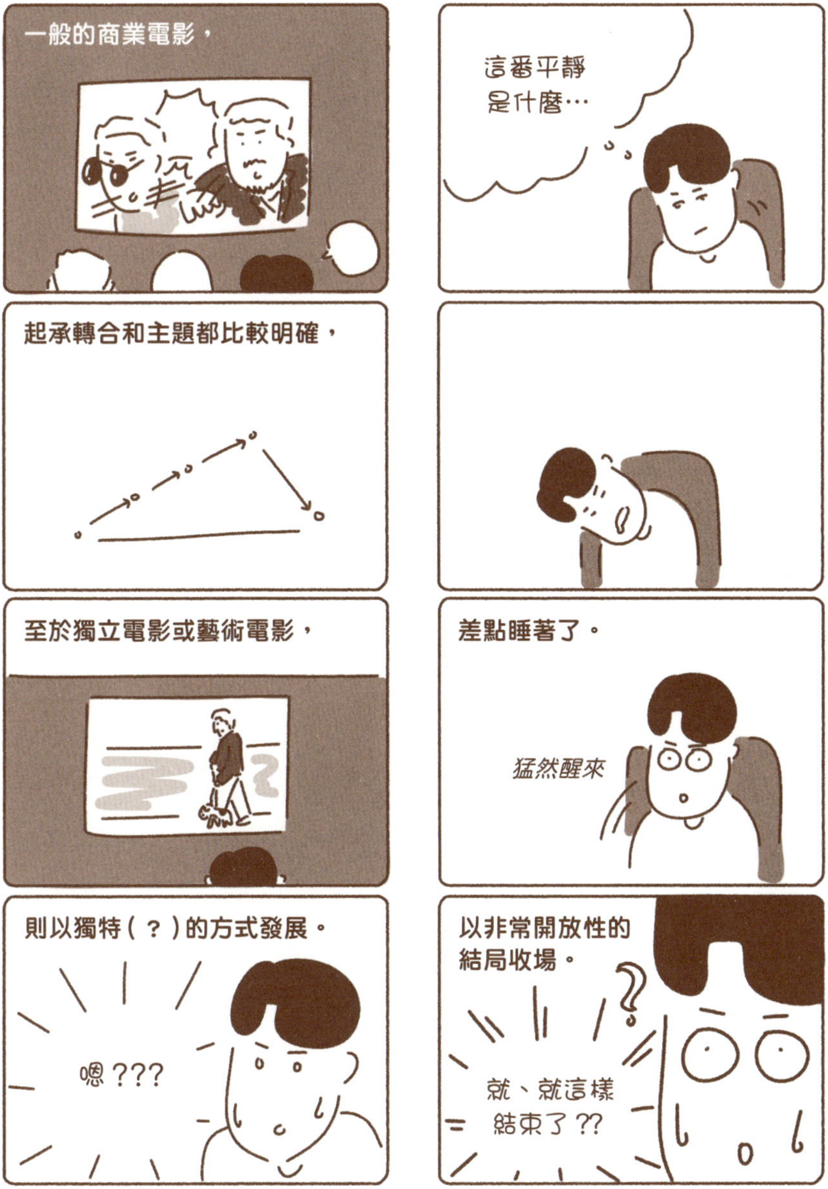

一般的商業電影，
起承轉合和主題都比較明確，
至於獨立電影或藝術電影，
則以獨特（？）的方式發展。
嗯???
這番平靜
是什麼…
差點睡著了。
猛然醒來
以非常開放性的
結局收場。
就、就這樣
結束了??

我是看了
什麼…？
cinephile？！
但是我卻一再想起。
還沒到那個程度，
我只是因為無聊
才去的。
？
嘿嘿
隔天在公司和同事
聊過後，
本來那位導演
就以平靜的表演
為特色。
原來是有名
的導演啊！
電影的世界
真的既深
且廣！
搜尋中
話說回來，你
居然去了獨立
電影院，都成
了cinephile
（電影迷）了。
這個週末也要去
獨立電影院。

( #6 )

在獨立電影院，

這次去新的地方⋯

ART CINEMA

到歷史久遠的經典名片，

這是部我想在電影院裡看的作品，

居然又要重新上映！！

從低成本製作、寶石般的獨立電影，

Ticket

乃至新人導演與眾不同的前衛作品，

日麗 [4] aftersun

雖然在知名電影節上獲得認可、

獲得奧斯卡最佳影片提名？看起來很有趣！

OSCARS

各種多元的作品都在此上映。

我以為只有難懂的獨立電影，

卻很難在大型電影院中看到的作品，

世上最爛的人 [3]

幾乎沒有電影院上映。

原來有好多各式各樣作品啊！

〔3〕《世上最爛的人》（*Verdens verste menneske*）由丹麥導演 Joachim Trier 執導，獲得2021年坎城影展最佳女演員獎，以及奧斯卡金像獎最佳國際影片獎和最佳原創劇本提名。
〔4〕《日麗》（*Aftersun*）於2022年獲頒英國年度最佳獨立電影。

擁有超大畫面和
強烈音效的
大型多廳電影院，
雖然也很有魅力，

好像真的
來到宇宙！

但是如果對小型電影院，

哦…

以及小規模電影也
同樣感興趣的話，

還送
海報呢！

電影這個興趣就會變得更加豐富多采。

下次要看
什麼呢？

ART CINEMA

# #7 更寬廣

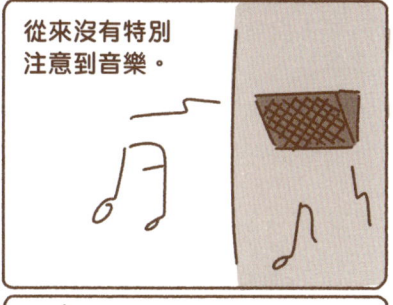

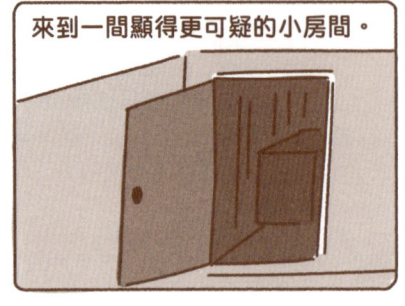

| | |
|---|---|
| 幾天後，朋友帶我來到… | 裡頭放著一座一般大小的銀幕， |
| 一棟看起來可疑的小樓房。 | 以及銀幕大小的揚聲器。 |
| 我們爬上狹窄的樓梯，<br>這裡對吧…？ | 你看。 |
| 來到一間顯得更可疑的小房間。 | 漢斯・李默聆聽會 |

(#7)

這是我初次來到「聽音室」，

影像在漆黑中放映時，

觀賞電影音樂大師漢斯・季默的

主要作品：
《獅子王》
《黑暗騎士》

強烈的聲音震撼了全身。

電影。

都是看過的電影啊！

不對，是聆聽。

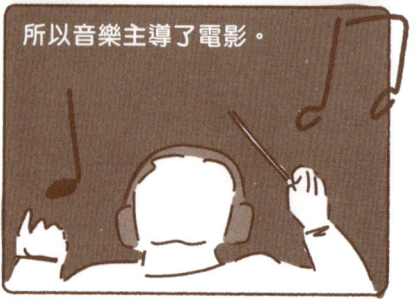

聆聽會結束了。

到目前為止，我只把音樂當成電影的附屬品，

怎麼樣？怎麼樣？

從來沒有用心去聆聽。

...

這一次因為專注於音樂，

太…太厲害了！

所以音樂主導了電影。

(#7)

我得買一部好的揚聲器放在工作室裡。

那種…要 多少錢呢…?

因為太貴而昏倒

| | |
|---|---|
| 即使是看同一部電影， | 有人則觀察攝影手法。 |
| 有人專心聆聽音樂， | 就算是平常沒注意到的部分，<br>這音樂… |
| 有人注意演員的穿著打扮， | 只要稍微關注一下，<br>喔！ |
| 有人會看室內裝飾， | 就能以新的方式欣賞電影。<br>電影真的是綜合藝術啊！　真有趣。 |

（ #7 ）

---

不久前，我去幫一位專攻影像的朋友拍攝影片。

朋友給我看了電影《霓裳魅影》[5]中汽車行駛的場面作為參考。他說：陰沉的氣氛和晃動的汽車，給人留下深刻的印象，因此想拍出類似感覺的東西。我也喜歡《霓裳魅影》，所以重複看了好幾次，儘管如此，我卻從來沒有想過拍攝手法。

另一位對時尚很感興趣的朋友，在談論電影時經常說到演員的穿搭。他說這是對工業革命時期英國時尚很好的研究。

女朋友一邊聆聽室內播放的音樂，一邊想起電影中的某個場景，一邊看著電影裡的空間，一邊談論室內裝飾。

跟別人談論電影時，我經常遇到有人仔細觀看我完全沒有注意到的地方，然後講述自己的觀點。雖然從某個角度來看，這是理所當然的事，但有趣的是，根據各自關注的重點不同，每個人觀看的部分也不一樣。

進行過這樣的對話後，下次觀賞電影時，我就會特別注意對方提到的地方。

明明是知道的電影，卻又像完全不一樣。
興趣越豐富，電影就越有深度也越寬廣。

---

[5]《霓裳魅影》(*Phantom Thread*)是美國懸疑愛情劇情片，導演為 Paul Thomas Anderson。

# #8 電影記憶法

| | |
|---|---|
| 看完電影後，<br>THE END | 我要把現在的感受記錄下來。 |
| 過了一段時間，<br>結局真是超乎意料。 | 那麼…要把它畫成漫畫嗎？ |
| 當時感受到的情緒或想法，<br>演員們的演技也很好。 | 影評漫畫… |
| 就會變得模模糊糊。 | 應該很有趣吧？<br>我果然是個天才！ |

206

# #8

回到家後，
趕緊去畫吧！
我將評論畫成漫畫。
唔…
陳腔濫調又怎樣…
劇情是這樣的…
因為有要給別人看的壓力，
說是評論漫畫！
哦…
所以使用專業術語，
結果，越是用有模有樣的句子包裝，
越是寫出垃圾文。
不是這個!!

別人的評論
都是怎麼
寫的？
好新穎的
解析…
哦…原來
有隱藏的
意義啊！
熟悉電影的人太多。
○○評論
一句評
××後記
算一了！
我算什麼
評論啊！
…
後來我還是沒有放棄，
…
再次拿起了筆。

( #8 )

無論包裝得再怎麼像樣,

也比不上專家。

...

不要不懂裝懂。

真誠寫下感受吧!

哎呀,真有趣!

拋開想要做好的野心。

如果有趣,就寫有趣,不就行了!

按照原本的樣子撰寫和畫畫。

這裡得加個哏!

只有自己開心的時候,

真有趣!嘿嘿!

才會出現有趣的故事。

209

| | |
|---|---|
| 之後一看電影，<br>哦… | 點擊率 1,074,301次<br>回覆 4,271則 |
| 就會馬上畫漫畫。<br>這部電影太狂了。 | 一…一百萬人點擊？<br>數千則留言？ |
| 漫畫漸漸有人留下回覆，<br>回覆 32則　回覆 142則 | 沒想到迴響會這麼好！ |
| 為什麼會收到這麼多通知？ | 我果然是天才嗎？ |

( #8 )

我持續將電影中印象深刻的場景，

哦！

以自己的風格描繪。

好有趣。

把畫上傳到網路，

讓它們四處流傳。

把我的畫當作頭像用了呢！

某天地鐵上的鄰座乘客，

他的手機桌布是我的畫。

08:32

有人透過我的畫和文字記憶電影，

真是神奇又有趣！

| | |
|---|---|
| 為了和公司同事聊天，<br>「電影那麼好看嗎？」 | 「算一了!」<br>「如果當時沒有繼續寫評論……」 |
| 而開始看的電影，成為了我的興趣， | 「就不會發生這些事了吧!」 |
| 以及與數十萬人分享的話題， | 果然，不論是文字還是畫， |
| 現在我和很多電影公司合作。 | 堅持記錄才最重要。 |

( #8 )

● 適合和這本書一起看的三部電影 ●

「圍繞在我身邊的一切一成不變。
一樣的指示牌、一樣的樹木、
一樣的包包重量……
唯一能改變且必須改變的,
我想只有我自己。」

《失業青年搭便車遊歐洲》[6]

「看看世界,
超越無數障礙、打破壁壘,
更加親近地彼此了解與感受。
這就是人生的目的。」

《白日夢冒險王》

「你知道失敗是什麼?
真正的失敗者是怕輸、
連挑戰都不敢挑戰的人。」

《小太陽的願望》

[6]《失業青年搭便車遊歐洲》(잉여들의히치하이킹)為,2013年韓國紀錄片,導演為이호재(Lee Ho-Jae)。

# 充滿爵士樂的生活

據說人們平均三十三歲以後，
就不會再聽新的音樂。
因為比起尋找新的東西，
他們更追求熟悉的事物，
但我的情況是：早在二十出頭時，
我的播放清單就已經確定下來。
與其說是享受音樂，
不如說只是因為耳朵無聊才聽。
直到我接觸了爵士樂……

## #1 滿是寂靜

某個深夜,

工作結束後獨自一人的工作室。

燈光隱隱約約的照亮著工作室,

滿是寂靜。

在這種氣氛下,

果然就是要喝葡萄酒。

因為太安靜了,所以音樂…

唔…

PLAYLIST
HIP HOP
RAP
POP

播放清單
嘻哈、饒舌、流行
……

嘻哈有點吵,抒情歌又太甜蜜。

JAzz

也沒有特別喜歡的音樂，

就像在葡萄酒吧啊！

宅在家的葡萄酒吧
爵士樂撥放清單

我一邊讀完白天看的書，

對了，爵士樂！

一邊喝了口葡萄酒。

甜美的鋼琴旋律傳遍了工作室。

?!!

( #1 )

一直在喝的葡萄酒，
感覺風味變得更加濃郁，

在地鐵上讀起來沒有特別感觸的隨筆，也變得更加感性。

GEOFF DYER
SEE/SAW
傑夫・戴爾
人物與照片[1]

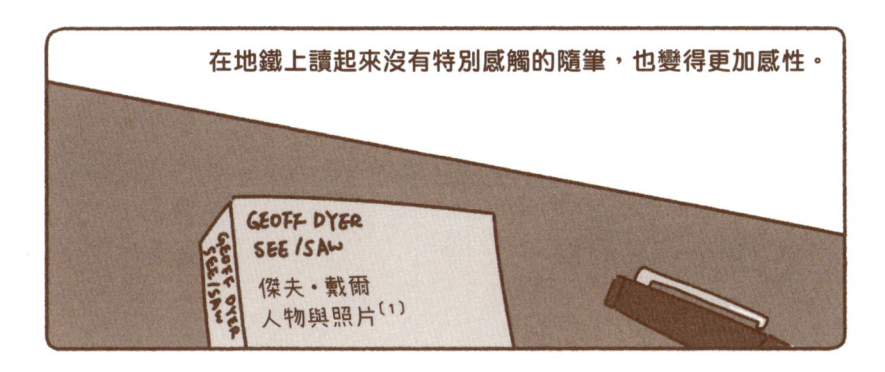

只是放了
爵士樂而已…

這是
爵士樂效應
?!

[1] 傑夫・戴爾（Geoff Dyer）為當代英國作家（1958- ），作品包括小說、評論、散文等。
《人物與照片》（See/Saw）是2021年出版的攝影評論著作。

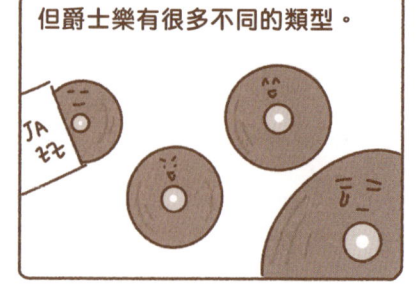

| | |
|---|---|
| 此後我便迷上了爵士樂， | 以前說到爵士樂， |
| 一發現有名的爵士樂曲就聽。 | 我只想到在葡萄酒吧裡聽到的⋯⋯ |
| | 輕柔且甜美的歌曲， |
| | 但爵士樂有很多不同的類型。 |

（但這也是爵士樂嗎？）

爵士樂播放清單
此生必聽的爵士樂

## #2 什麼是爵士樂

原本我只是一昧聽著爵士樂,

但爵士樂到底是什麼?

爵士樂的世界,竟然如此深奧!

後來借了一本書。

漫畫爵士樂入門書

透過比對書籍與音樂,

這部分是迪吉·葛拉斯彼的小號演奏啊!

路易斯·阿姆斯壯、艾靈頓公爵、迪吉·葛拉斯彼等眾多爵士樂藝術家,

我漸漸了解了爵士樂。

以及搖擺、咆勃、冷爵士樂等專用術語紛紛湧現。

雖然很難,但很有趣!

〔2〕作者為南韓資深爵士樂愛好者兼爵士樂評「南武成」,中文譯本書名《Jazz It Up!──最easy的漫畫爵士樂入門書》,2006年由時報出版。

以前我把爵士樂全混在一起聽，
JAZZ
是爵士樂！
但越是了解爵士樂，
透過YouTube學習中
爵士樂電影也很多啊！
小號、薩克斯風、鋼琴、低音提琴等，
就越能分辨出各種樂器。
這裡是鼓嗎？!
演奏家們彼此互動，相互較量，
而後再次融為一體。
原來這就是爵士樂啊！

## #3 釐清喜好

聆聽各式各樣的爵士樂，

唔嗯

尋找自己的喜好，

原來我喜歡冷爵士樂！

選擇自己喜歡的歌曲，

哦，鋼琴太狂了。

創建專屬於自己的播放清單。

工作 閱讀 兜風 跑步

如此創建的播放清單，

工作時還是比爾‧艾文斯最對味！

再依據合適的情況拿出來聽。

音樂，

豐富了情感。

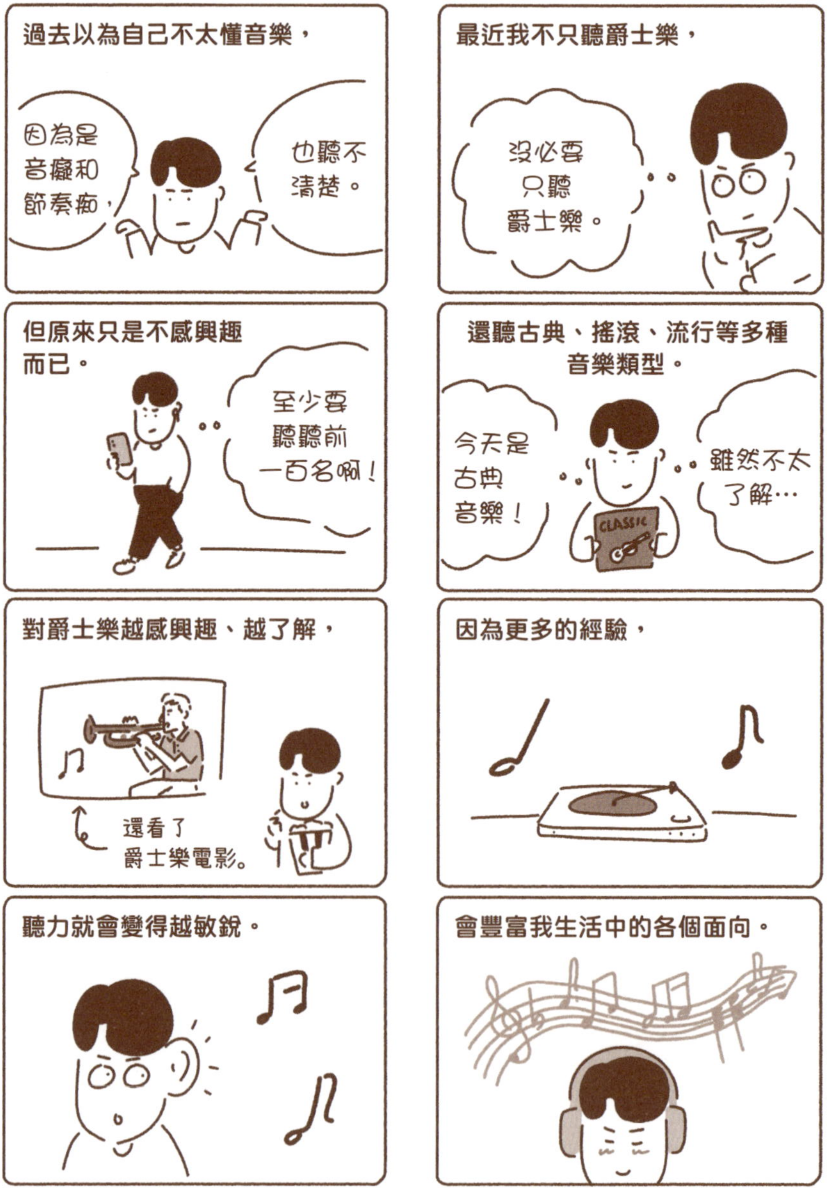

過去以為自己不太懂音樂，
因為是音癡和節奏痴，
也聽不清楚。
但原來只是不感興趣而已。
至少要聽聽前一百名啊！
對爵士樂越感興趣、越了解，
還看了爵士樂電影。
聽力就會變得越敏銳。
最近我不只聽爵士樂，
沒必要只聽爵士樂。
還聽古典、搖滾、流行等多種音樂類型。
今天是古典音樂！
CLASSIC
雖然不太了解…
因為更多的經驗，
會豐富我生活中的各個面向。

(#3)

從小我就確信自己是音癡、節奏痴和舞癡。跟朋友們一起去KTV是最痛苦的事。每當我拿著麥克風唱歌，一開始朋友們會笑，到後來再也笑不出來。我自然而然疏離了音樂，對音樂的喜好也變得模糊，只能用別人創建的播放清單，來排解我無聊的耳朵。

然而某個深夜，偶然播放的爵士樂，瞬間聽起來與眾不同。是切特·貝克的聲音，他的音色讓整個工作室都變得柔和起來。由於深深愛上了這種感覺，我正式開始聽爵士樂。

透過爵士樂，我逐漸培養起自己的音樂品味，並建立了專屬於自己的播放清單。

工作時、閱讀時、喝酒時，如果為每個時刻增添合適的音樂，就會像擴音器一樣放大你的情感。我開始想，或許我不是音癡或節奏痴，只是以前對音樂不感興趣而已。我抱著這樣的想法和女友去KTV，自信地唱起歌來。

呃……看來我還真的是音癡和節奏癡啊。

## #4 至少有件樂器

聽著爵士樂，
爵士樂和威士忌真是絕配。

在無數樂器中，

要不要來學一下樂器？

我之所以選擇鋼琴，

咚 咚
××鋼琴

純粹只是因為比爾·艾文斯看起來很帥！

看起來很有趣所以來了。
嘿

鐘路區比爾·艾文斯來了。

( #4 )

小時候被媽媽牽著手……
媽媽，我們要去哪？

興——奮

帶去學鋼琴時，
哇…是鋼琴！

兩手按法不同嗎？
按得這麼遠嗎？

我差點哭了，所以很快就放棄。
哦…好難一點也不好玩…

分割拍？
打反拍嗎？

但是被自己的腳帶去學鋼琴，
真的是好久以前的事了！

即使手指乾裂，也很有趣。

JAZZ

看著樂譜,

Butterfly Waltz
蝴蝶華爾滋

按下對應音符的琴鍵,

如果你親自
演奏樂器,

( #4 )

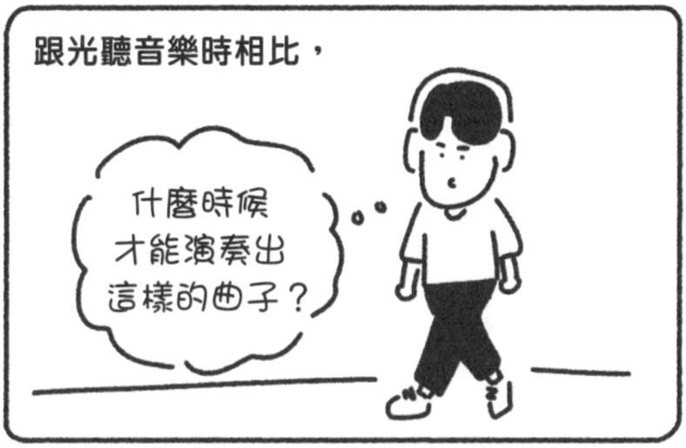


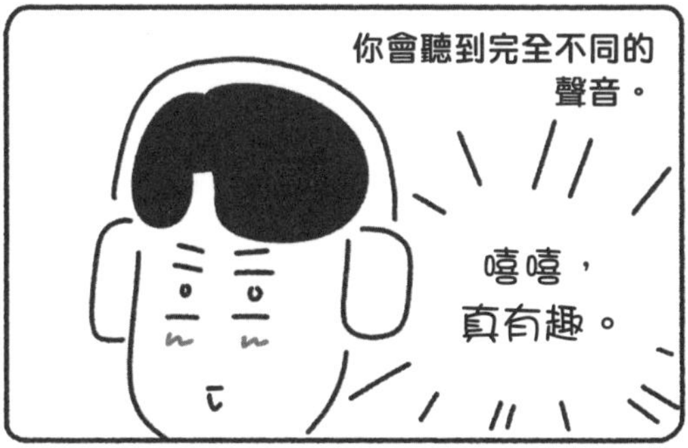


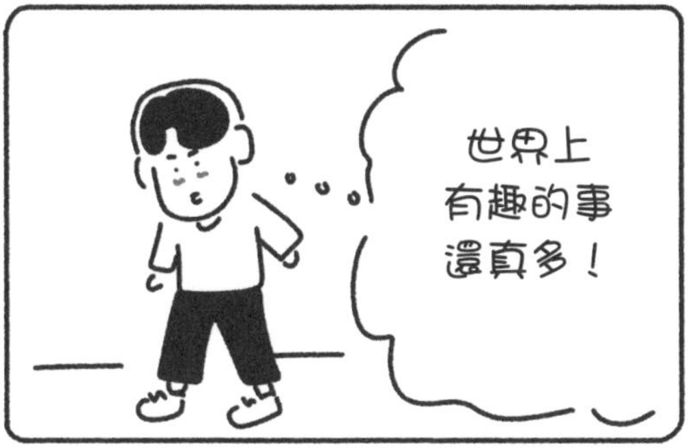

掌握了（？）鋼琴基礎的那天，
拜爾 1
拜爾 2
拜爾 3
拜爾 4
老師問：
現在您想彈什麼樣的曲風？
爵士樂～就像比爾．艾文斯一樣。
呃……我們是一間古典鋼琴學院。
不一樣嗎…？
??
老師，拜託了…比爾．艾文斯!!!!
…
…
那麼就彈坂本龍一的曲子吧！

## (♯4)

雖然說自己和音樂無緣，但事實上大學四年期間，我曾經參加過吉他社。我一直有個夢想：大學生應該邊彈吉他邊唱歌、邊喝酒。而我當初加入社團，就是因為覺得扮演喝酒的角色應該很有趣。

隨心所欲地盡情喝著酒，同時與前輩和同學們變得親近後，我才發現：這個社團其實是「古典」吉他社。和原聲吉他[3]不同，古典吉他沒有獨立的伴奏或歌曲概念，只有吉他弦振動產生的音。

雖然我沒有特別覺得有趣，但是因為喜歡那些人，所以連續彈了四年的吉他。然而儘管我曾經在數十人面前演奏過幾次，卻從未對樂器產生興趣。一畢業，我就把吉他賣掉了。

曾經那樣的我，畢業後過了很久，現在又開始學習樂器。本想變成比爾‧艾文斯一樣的爵士樂手，沒想到又遇上「古典」鋼琴。難道我註定要演奏古典音樂嗎？跟整天彈吉他的大學時期不同，這回僅僅每週上課一次，雖然實力似乎沒有提升，但是我磨練了幾個月的鋼琴演奏，還是成為我求婚影片的一部分。

看來，學會的東西，總有一天能派上用場。

---

[3] 原文為「Acoustic Guitar」，也稱為「木吉他」。

# 愛酒之人的辯解

「喝酒是我的興趣。」
聽到這句話,對方皺起了眉頭。
雖然我努力解釋我沒有酒癮,而是愛酒之人,
但對方的眉頭只是越發深鎖。
「真的不是上癮⋯⋯」
我大口喝下擺在面前的一杯酒,繼續說著。

# #1 旅行與酒

我的第一個歐洲旅遊地點是倫敦。

午餐時間竟然喝啤酒，
我是遊客，所以喝…

在完全陌生的地方，
都是在電影裡看過的建築啊！

當時住在倫敦的朋友，
這裡的啤酒種類真的很多

最陌生的場景是：
不是…那個?!

帶我前往各式各樣有著新鮮啤酒的酒吧，

平日白天在酒館裡喝酒的上班族。

我發現了以前從來不知道的啤酒滋味。
這是啤酒!!

| | |
|---|---|
| 第二年我去了巴黎。 | 您要喝什麼葡萄酒呢？ ← 好像理所當然地問 |
| 倫敦有酒吧，巴黎則有咖啡館。<br>露天咖啡座好讚啊！ CAFE | 哦…嗯…請推薦一下。 |
| 大部分咖啡館的桌上都放著葡萄酒。 | 就這樣，我在巴黎踏入了…… |
| 大白天喝葡萄酒？！！ | 為食物增添風味的葡萄酒世界。<br>我還以為葡萄酒是為了營造氣氛才喝的。 |

（ #1 ）

再隔年，我造訪巴塞隆納時，

在愛丁堡時則喝了蘇格蘭威士忌。

鼻子瞬間都通了！

喝了以生長於地中海陽光下的新鮮水果製成的桑格利亞。〔1〕

在日本喝清酒。

還在曾經體驗釀酒廠的波爾圖，

在很多國家都有過如此夢幻的經歷後，

品嘗了一種名為「甜點紅酒」的波特酒。〔2〕

酒這麼甜嗎？！

怎麼能夠不把喝酒當成興趣呢！

〔1〕桑格利亞（Sangria）是有西班牙國酒之稱的水果酒。
〔2〕波特酒（Porto）是生產於葡萄牙杜羅河谷的甜紅酒。

「我們去喝一杯吧！」

大學時期是我一生中喝了最多酒的時光。不論是心情好、心情差、天氣好、新學期開始、考試結束，還是單純無聊，我總是找各種理由邀人喝酒。對我來說，喝酒只是聚會的名義；而無論是否一口乾杯，我都會狂飲，只是把它當作喝醉的手段。這樣，自然不可能對酒留下美好的回憶。

然而經過幾次歐洲旅行，我對酒的看法完全改觀。點一杯啤酒聊上幾個小時，從大白天開始為食物搭配葡萄酒。在露天座位邊喝威士忌邊看書。剛開始我對陌生的飲酒文化感到驚慌，但是很快就被同化了。

選擇符合氛圍的酒種，細細品味酒的香氣與滋味。酒為食物增添風味，也使我們的情感變得更加豐富。再加上旅行中的種種回憶，最終酒成了我的一項嗜好。

## #2 酒飲巡禮

**酒的世界……**
哇…是馬丁尼。

**也去上葡萄酒課。**
我帶來了好幾種酒。

**比想像中還要深幾萬倍。**
怎麼種類這麼多？

**同時學習葡萄酒產地或生產年份等知識。**
是澳洲的希哈品種。〔3〕

好的，從葡萄酒開始慢慢了解就行了。

等等！為什麼像……
準備高考一樣在背葡萄酒呢？

**我看了葡萄酒相關書籍和YouTube影片，**
哦嚼

好，酒是實戰！

〔3〕希哈（Shiraz）原產地為法國的Syrah，因此也稱為Syrah。

| | |
|---|---|
| 只記得大概的葡萄品種， | 在搭配食物飲用、<br>白酒也很有魅力啊！ |
| 試著挑選葡萄酒。<br>最近新大陸的葡萄酒很搶手。 | 與他人一同享受的同時， |
| 失敗了。<br>太酸…也太澀了… | 漸漸了解了葡萄酒。 |
| 又失敗了。<br>你記住了，再也不要喝它！ | 嘿嘿！真有趣。 |

# #2

我迷上威士忌時，
WHISKEY
會去安靜的酒吧。
點一杯好奇的威士忌。
享受一下
香氣…
哦…
比想像中
還要柔順。
要不要也
喝杯波本？
MENU
不過在外面喝酒
很貴，於是……
我都快要
破產了！
我開始在超市購買喜歡的
威士忌。
MART
WHISKEY

| | |
|---|---|
| 酒一瓶一瓶的買來收集，<br>威士忌 葡萄酒 清酒 琴酒 蘭姆酒 | 搖動 搖動 |
| 在工作室設立了家庭酒吧。 | 嗯～～調酒果然—— |
| 真像愛酒之人！ | 還是專家調的好喝。 |
| 為了增加氣氛，還買了調酒用具。 | 喝酒越來越成為興趣， |

# #3 酒的功效

用心做菜。

以前我所認識的酒,味道不是苦、

人生真是苦澀!

喝什麼酒好呢?

就是爽口,如此而已,

呀!真爽快!

酒的重要功能,

韓食果然要配傳統酒,才對味。

但是當你感受到各種味道時,

香氣很濃郁啊!

是為食物增添風味。

哦哦哦!

用餐時間會變得更加愉快。

| | |
|---|---|
| 辛苦一整天後喝的爽快啤酒， | 肥腸配燒酒，蔥煎餅配馬格利。[4] |
| 突顯食物風味的葡萄酒， | 適度且適合的酒， 今天喝什麼酒好呢… |
| 令我好奇的威士忌， | 讓生活更愉快。 嘿嘿 |
| 以及營造氣氛的調酒。 | 以上就是愛酒之人的辯解。 |

[4] 馬格利（막걸리）是用米發酵的濁酒。

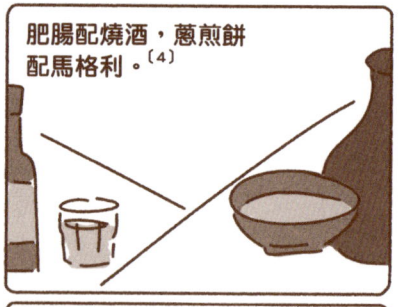

# #4 我的私房高球調酒配方

告訴大家我平常喜歡喝、超簡單的高球調酒配方。[5]

1. 在玻璃杯裡裝滿冰塊。

2. 倒入30毫升符合喜好的威士忌。

- 〈角瓶威士忌〉[6]：製作高球調酒最萬無一失的威士忌
- 〈伊凡威廉〉[7]：性價比很好
- 〈三隻猴子〉[8]：柔順且高檔的味道

3. 倒入120毫升的蘇打水或通寧水。

- 〈蘇打水〉：當你想喝清爽口味
- 〈通寧水〉：當你想喝點甜的～
- 〈薑汁汽水〉：當你想享用美味時

4. 切一塊檸檬或萊姆放入杯中。

檸檬汁也可以

接下來只要攪拌均勻，高球調酒就完成了！

---

[5] 高球調酒（highbal）是款威士忌蘇打調酒。[6] 原文名稱為「Suntory Whisky Kakubin」，來自日本的調和威士忌。[7] 原文名稱為「Evan Williams」，來自美國肯塔基的波本威士忌。[8] 原文名稱為「Monkey Shoulder」，來自蘇格蘭的調和麥芽威士忌。

# 一切總是從偶然開始

「沒想到會變成這樣！」
這是那些開拓自己道路的朋友們
經常會說的話。
他們說是因為運氣好、出於偶然，
只是做著做著，就走到了這一步。
想了想，我其實也沒想到會變成這樣。

# #1 漫無目的走著

某日我和平常一樣，

這個?!

漫無目的地閒逛時，有什麼好玩的嗎～

十多坪小巧別緻的空間，

那個地方是做什麼的？

是現在難得一見的小書店。

走進了陌生的店家瞧瞧。

現在還有這樣的書店啊！

| | |
|---|---|
| 擺放著大型書店從未見過、<br>居然有這樣的書… | 這本未經設計的書，是什麼？ |
| 一些題材獨特的書。 | 這本看來也很神奇…… |
| 讀讀看。<br>封面也很特別… | 好像隨意製作的書… |
| ?!! | 不過很有趣！ |

( #1 )

當時就連用語都還很生疏的……

哦…

獨立出版品。

獨立…出…版…？

不是經由出版社出版的書，

△△出版社　○○出版

而是私人親自製作的書。

我自己來做！！

在大型書店裡看不到、

個人化且與眾不同的主題，

有種偷看別人日記的感覺！

以及蘊含其中閃耀的……

創意。是用手寫的嗎？

就連書的外形也各有千秋。

好像是親自裝訂的？

245

| | |
|---|---|
| 並非出自知名作家或出版社， | 再加上喚醒兒時回憶的書香， |
| 而是由充滿熱情的個人所創作、 哦 | 是個樸素而溫馨的空間。 現在很難看到小書店了。 |
| 未經雕琢的作品， | 獨立書店和獨立出版… |
| 有時反而帶來更大的靈感。 | 又發現一件有趣的事物！ |

(#1)

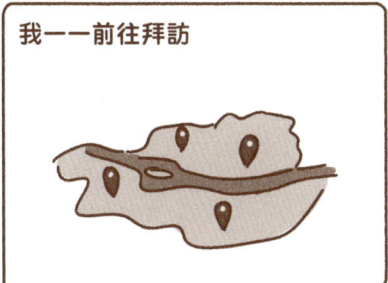

此後四處尋找獨立書店，

每間書店的氣氛都不一樣，

成為我的興趣之一。

興趣表
- 跑步
- 電影
- 獨立書店

引進的書也稍微不同。

這裡有好多畫冊！

我一一前往拜訪

我購買了自己喜歡的書，

不知不覺買了一大堆。

首爾的獨立書店。

這週要不要去延禧洞？

還會當作禮物送給周圍的人。

哇，好神奇的書啊！

只是想到就買了。

| | |
|---|---|
| 就連去旅行， | 從有寬大窗戶能眺望整片大海的… |
| 也會尋找獨立書店。<br>位於旅遊目的地的書店，真酷。 | 釜山小書店，<br>簡直像幅畫！ |
| 獨立書店大都位於較偏僻的地方，<br>不是別人常走的路啊！ | 到古老獨棟住宅改建而成的地方書店，<br>書店 |
| 因此尋找過程也是一種樂趣。<br>反而更好。<br>出發去冒險吧！ | 全都沾滿了當地特有的氛圍。<br>書也很符合這裡的氣氛。 |

( #1 )

就連出國旅行時也會去小書店。
走路時偶然發現的。
在東京澀谷巷子裡閒晃時發現的書店。
堆滿可愛的插畫書。
就算看不懂日文，也可以欣賞呢！
在這樣的地方……
!
如果發現喜歡的書，
We Are Animals
就會變成能長久珍藏的——
我很喜歡這樣的畫風！
旅行回憶。

# #2 新的挑戰

有什麼好玩的嗎？
獨立出版研討會
獨立出版研討會
挑戰獨立出版吧！
申請
獨立出版研討會？
我自己做書？
應該很有趣吧？
是這個週六耶！
申請！
先去看看唄。

( #2 )

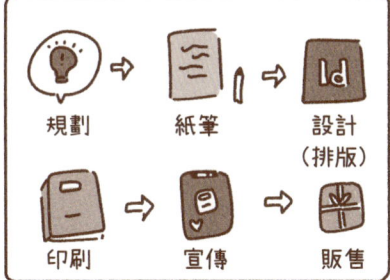

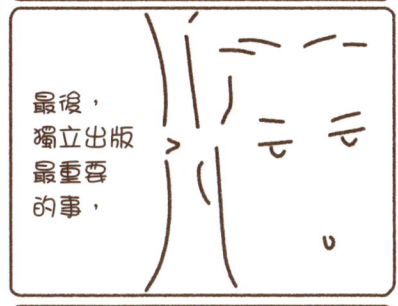

搭地鐵一個半小時車程、

位於富川的獨立書店。

是…這裡嗎？

想將自己的故事⋯⋯

獨立出版

創作成書的人們聚在了一塊。

接著是熱情洋溢的演講。

說到獨立出版的基本流程⋯

規劃 → 紙筆 → 設計（排版）

印刷 → 宣傳 → 販售

最後，獨立出版最重要的事，

終究是想法。

有個性的故事！

| | |
|---|---|
| 回家的路上——<br>只是大略思考書的內容 | 但是一想到獨立書店裡…… |
| 編輯、到印刷<br>獨立出版!<br>1. 規劃<br>2. 原稿 | 擺放著我的書的畫面,<br>宅在家 |
| 要做的事比想像中還多! | 比起害怕,我反而更感到興奮。<br>應該很有趣! |
| 我能做得到嗎… | 又花一個半小時回家。 |

(#2)

從以前開始我就隱約夢想過著……

邊旅行邊賺錢的生活。

做什麼書呢?

將遊記製作成書販售的話,

宅在家的遊記

唔…

不要太過糾結,想做什麼就做什麼。

不就是夢想成真了嗎?

| | |
|---|---|
| 正好當時我計畫去法國旅行。 | 穿梭在巴黎的每個角落, |
| 18天17夜的旅行。<br>第一次來到巴黎! | 跟隨筆緩慢的節奏, |
| 這次旅行我放下相機, | 將所見所感、只屬於我的巴黎,<br>← 坐在梵谷畫下麥田畫的地方 |
| 只拿著筆和筆記本, | 透過圖畫與文字記錄於筆記本中。<br>日落時分 蒙馬特 山丘 |

( #2 )

收集這些紀錄、
寫得挺
認真。
撰寫稿子、
還加了
漫畫。
修改，
我不太
滿意…
加以編輯和設計。
第一次使用
InDesign
啊！
Id
完成了!!
雖然這麼想，
但現在才剛剛開始。
最終版.Pdf
現在
怎麼辦…
挑選封面和內頁的紙張，
紙張的
種類
非常多，
感覺
也完全
不同。
也選擇了裝訂和印刷方式。

| | |
|---|---|
| 生平第一次去印刷廠，<br>哦… | 但是新的經驗總是讓人心動。<br>去印刷廠很有趣呢!!<br>好神奇的社區啊! |
| 印出完稿後發現…<br>這和我想像中的感覺不一樣… | 終於完成了第一本獨立出版品。<br>每個角落[1]<br>PARIS |
| 於是重新打印。<br>這個也不對!! | 「書」。 |
| 也縮小了字體尺寸，<br>雖然是接二連三的苦難，<br>還換了紙張， | 沒想到我竟然做了本書!! |

〔1〕原文書名為《구석구석 PARIS》。

（ #2 ）

印了第一刷。

印得太多了嗎？

全賣光了。

SOLD OUT

先在網路上賣，

這算什麼書啊，

不會挨罵吧…？

之後還印了第三刷和第四刷。

連包裝都自己來。

沒想到全賣光了。

邊旅行邊賺錢的模糊夢想，

一邊旅行一邊賺錢！

於是印了第二刷。

沒想到竟然會再刷…

就這樣誤打誤撞的實現了。

這也是遊記…！

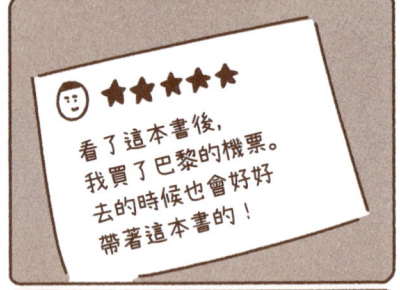

| | |
|---|---|
| 我在幾家喜歡的獨立書店⋯⋯<br>原來入庫申請也要自己來啊！ | 也仔細閱讀了讀者的評論。<br>撲通 撲通 |
| 寄賣這本書。<br>親自送書過去。 | ★★★★★<br>看了這本書後，我買了巴黎的機票。去的時候也會好好帶著這本書的！ |
| 放在書店一角的我的書。<br>每個角落 | ★★★★★<br>我也有了一邊旅行一邊畫風景的夢想。 |
| 真的做到了！ | 有數百則評論。<br>好感動⋯！ |

( #2 )

偶然拜訪的獨立書店，
逐漸成為興趣，

那是什麼？

如同我在閱讀獨立出版品時得到了靈感，

哦…
有這樣的
書啊！

我也正透過書為某人
帶來靈感。

！

每個角落
paru

真高興
我做了
本書。

還有
什麼好玩的
事嗎～

我離開了工作三年的公司,開始了自由工作者的生活。

在對未來充滿茫然不安的時期,整理了推遲的原稿,完成了第一件獨立出版品。寫作、整理原稿、編輯、設計、印刷、宣傳、包裝、發送等過程忙得不可開交,連苦惱和擔心的時間都沒有。

書的銷量遠超過預期。這個結果將自由工作者的不安變成了希望。雖然我從小就隱約懷抱著邊旅行邊賺錢的夢想,但沒想到能透過獨立出版實現。而這本書也成為某人的靈感,引發其他創作。

此後,我又做了一本獨立出版品,並參加了各種獨立出版活動。現在,我正在為出版社出版的正式(?)著作寫文章。有趣的是,這一切的開始只是因為覺得獨立出版的研討會很有趣,而去聽了。

好奇心的小雪球不斷滾動,朝著無法想像的方向前進,帶來了意想不到的結果。接下來還會發生什麼樣有趣的事情呢?我抱著這樣的期待,用新的興趣再度滾起這個小雪球。

( #2 )

**獨立書店推薦（韓國）**

首爾市，龍山區
**儲存書籍與膠卷**[2]

位於解放村陡峭的斜坡上，
我在首爾最喜愛的書店。

〔2〕原文名稱為「스토리지북앤필름」

**獨立書店推薦（外國）**

東京，澀谷
**澀谷出版和書商**[3]

脫離熙來攘往的澀谷、
座落於巷子裡，
滿是可愛插畫書的書店。

〔3〕原文名稱為「Shibuya Publishing & Booksellers」

**獨立出版品推薦**

《東京奎琳日記》
金奎琳[4]

《辭職的旅行》
鄭惠允[5]

《我們都是動物》
田口美早紀

〔4〕原文書名為《동경규림일기》，作者金奎琳（김규림，此為音譯）。
〔5〕原文書名為《퇴사는 여행》，作者鄭惠允（정혜윤，此為音譯）。

261

# 持續最久的興趣

畫畫,既是我人生中最大的興趣,
也是朋友和伙伴,
同時還是一生的情結。
雖然不知道日後還會有什麼樣的意義,
但是我依舊在畫畫。

# #1 畫畫是我的老朋友

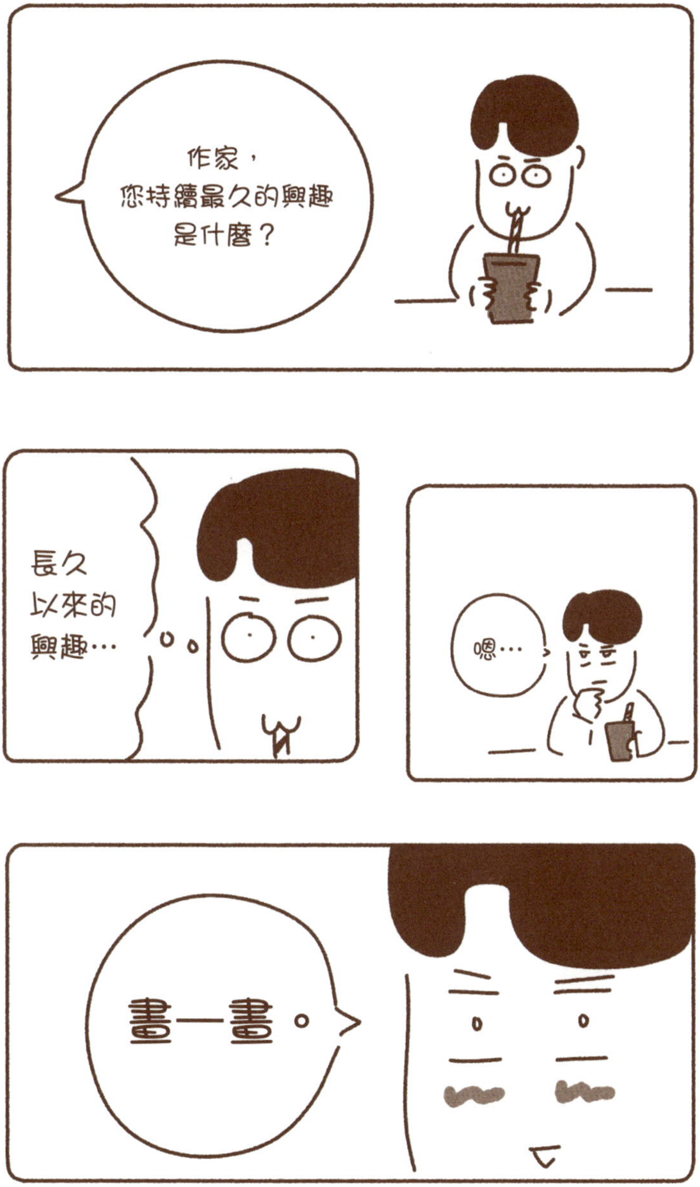

| | |
|---|---|
| 我依稀記得，自己從小…… | 嗚哇！你很會畫畫耶！ |
| 就喜歡在白紙上畫東西。 | 對小朋友來說，稱讚— |
| 上小學後…… 喜歡上幼稚園的時候… | 是最棒的動力。 嘿嘿 |
| 唰唰 唰唰 | 難不成我是畢卡索？ |

( #1 )

上中學後……
喜歡上小學的時候…
正式開始上補習班。
XX英語
數學
畫畫很有趣啊！
要不要要求送我去藝術學校？
但是當時如果說要畫畫，
絕對聽不到什麼好話。
畫畫要幹什麼？
靠畫畫賺不了錢。
御宅族！
害怕走上與別人不同的路，
也不確定自己的才華。
但是我真的很會畫畫嗎…？

媽媽，
我要不要念
藝術學校？
藝術…？
因為你的成績
也很好，
還是先
念書吧，
至於畫畫，
以後當成興趣，
怎麼樣？
興趣…
畫畫……
興趣…
心裡反而變得
輕鬆。
好吧，
當作興趣
就行了！

# #2 把畫畫當作興趣的方法

把畫畫當作興趣的方法很簡單。

嚕嚕啦啦

看著漫畫書，

只要有白紙、課本角落等空白處，

考試

模仿喜歡作家的畫，

我就會用鉛筆和色筆填滿。

一到放假就借解剖學的書，

這個應該很有趣吧？

誰讓你上課時間做別的事的!!

對不起…

把骨頭、肌肉和人體畫著玩。

| | |
|---|---|
| 上高中後，<br>國中的時候真的很美好…… | 當時的畫，連續在角落畫的話 |
| 雖然離藝術越來越遠，<br>藝術　前途　文科　理科 | 嘩啦啦<br>顆顆顆真有趣。 |
| 我仍然把畫畫當作興趣。<br>唰唰 | 畫畫讓我挺過艱辛的考生時期，<br>只要上了大學，就是我的世界！ |
| 啊哦，真不想念書。 | 既是小小的幸福，也是我的朋友。 |

( #2 )

不知不覺進入了
工科大學。
好懷念
高中的
時候……
焊接中
我想像中
的大學，
不是
這樣的…
主修既不符合
我的專長，
還很
無聊。
該去聽
通識課了！
這時，繪畫成了避難所。
西洋美術史
立體派
這樣
那樣
喔…
美術史也
很有趣啊！
你為什麼
聽美術方面
的通識課？
很有趣
嘛。

| | |
|---|---|
| **被壓抑的繪畫欲望,** 上大學後,我把繪畫當成了興趣。 | **去繪畫用品店買了各種東西,** 哦…要不要在畫布上畫畫? 要不要試試看壓克力?? |
| **在獲得自由後爆發。** 那我就得好好享受~ | **在社團房間畫壁畫,** 採用凱斯·哈林[1]的風格… |
| **一有時間就去美術館。** | **將畫作上傳到SNS,** 雖然是沒有多少人看的個人帳號… |
| **參觀了很多展覽,** | **像個閒人般生活。** 畫畫真有趣啊!! |

[1] 凱斯·哈林(Keith Haring,1958-1990)是美國新普普藝術家。

# (#2)

有一天我參觀美術館時，
哦…
有個人映入眼簾。
STAFF
在美術館打工的話，應該會很有趣！
如果看起來很有趣，就先試一試。
唯一的工科生
為別人簡單的介紹作品，
這個作品…
沒有人的時候就畫畫。
在美術館裡畫的畫…
媽媽，我把畫畫當作興趣，盡情享受著…！

# #3 興趣持久的祕訣

儘管現在畫畫
成了工作，
忙。
很忙。
但是畫畫時
依然很開心。
嘿嘿
我之所以能畫這麼長的時間，
是因為
隨便畫。
隨便？!!
隨便??
你說
「隨便」?
不是，
我的意思
是…

( #3 )

畫畫的時候，

在 iPad 上作畫 →

如果加入各式各樣的東西，

會產生想要畫好的渴望。

唔唔…

反而會變成四不像。

這裡加點明暗。

?!!

表現質感，

也加上多種色彩。

這有必要花這麼大的力氣嗎？

不要想放進太多的東西，
隨便畫吧！
就像從所有興趣中學到的，
放鬆力量！
力量!!
放鬆。
先放鬆～
畫畫也是放鬆再放鬆。
雖然是工作，但半是出於興趣
享受吧！
而去畫的。
留言
畫得好可愛！
表達能力太棒了！
反而反應很好。
沒錯，這就是我的畫。
有時候隨便做，才是…
興趣持久的祕訣！

#4 說真的

畫畫的時候,

往往會遇到一些問題。

作家,

您怎麼能用單純的線條,表達得那麼好呢?

驚嚇

其實只是因為不會畫畫,就這麼簡單。

哈哈哈哈哈哈哈哈哈哈哈

哈哈哈哈哈哈哈哈哈哈哈

是真的…

# 向世界述說
# 我的故事

學生時代,我以為
人生的最終目的地是大學。
只要學測取得高分、考上理想的大學,
就似乎再也沒有煩惱,
將會迎來充滿幸福的烏托邦⋯

# #1 校園生活（希望篇）

上了大學。

雖然我憧憬過燦爛的校園生活，

哈哈哈

無論選擇學校還是主修，

我選擇電子工程系的原因是…！

手裡拿著的卻是──

都是根據成績而不是專長。

這分數的話，在這樣的學校，

電子工程系應該能找到工作吧？

厚度前所未見的……

呵呵～這裡就是實現我夢想的校園嗎？

專業書籍。

聽不懂的課、
高考，根本是個笑話！
實驗，以及……
沒完沒了的焊接。
快要中毒了…
就業的前輩們來到學校時，
還點了炸雞！
社團前輩
嘿嘿
就算這樣，上班族的生活還是很棒的吧？
只會罵公司。
我好想辭職啊！
??!!
去上班也一樣嗎?!

# (#1)

沒有夢想的校園生活，
自由，
自由～
還以為上了大學，
就能想做什麼
就做什麼!!!
大學不是結束，
只要上了
大學⋯！
等等，
而是開始。
?
想做的事⋯？
不是說只要
上大學
就行了嗎！！
只要去做
就好了啊！
我都成
年啦。

| | |
|---|---|
| 電視或書中名人說過。 | 但是如果嘗試過所有看起來有趣的事情，那麼…… 哦… 這是什麼？ |
| 人生只有一次，做你想做的事吧！ | 即使偏離了既定的道路， 我要就業嗎？ |
| 想做的事… | 也會找到屬於自己的路吧？ 什麼都行吧！ |
| 雖然現在我還不知道自己想做什麼， | 大家這麼說一定是有原因的吧？ |

( #1 )

如果想拍照，
拍照應該很有趣！
就買二手數位單眼相機。
走遍首爾每個角落拍攝照片，
該怎麼修圖呢？
試著學習Photoshop。
修圖果然很重要！
拍攝影片應該也很有趣！
學習使用Primiere程式編輯影片。
顆顆顆，真有趣！

| | |
|---|---|
| 我只揹著一個背包， | 在臉書上寫感性的（？）文章，<br>這也是一種紀錄啊。 |
| 跟朋友一起去全國旅行，<br>今天要睡在哪裡？<br>在汗蒸幕睡吧！ | 做各式各樣的運動， |
| 在社團裡彈吉他，<br>雖然不是我想像中的吉他…<br>古典吉他的演奏姿勢很獨特。 | 如果不好玩就趕緊放棄，<br>沒什麼大不了的。 |
| 在喝酒聚會上逗人發笑，<br>顆顆顆　顆顆顆 | 只要看起來有趣，就都嘗試看看。<br>還有什麼好玩的事情嗎？ |

( #1 )

「金荒謬」。[1]

由於我總是把主修課業拋到腦後,盡是做一些有的沒的,所以朋友都叫我「金荒謬」。

「荒謬…」

這讓我聯想到自己喜歡的網路漫畫作家「李末年」[2],加上覺得是一個朗朗上口的綽號,所以我也樂於自稱「金荒謬」。

因為對不適合自己專長的主修產生反抗心理,我越蹦越遠,朝「荒謬」衝去。這樣結局會是如何?我感到很好奇。

[1] 原文為「김막장」,念法為「kim-mak-jjang」,「막장」在韓文中有「豆醬」、「結束」或「狗血劇」等意思,這裡取「狗血劇」的含意,所以翻譯成「金荒謬」。
[2] 原文名稱為「이말년」為,念法為「i-mal-ryon」。1983年生,本名李秉鍵(이병건)。

# #2 校園生活（絕望篇）

升到了四年級。
時間真的過得很快。
我感覺有些不對勁。
唔…
朋友們一個個考取資格證書，
國家技術資格證書
或是在大企業裡實習，
放假時我還想參加作品徵集比賽。
反觀我的成績亂七八糟。
只有通識課取得了好成績！
從現在開始，
主修能跟得上嗎？
轉來
轉去
荒謬的結局就是荒謬。

(#2)

〔3〕原文名稱為「피키캐스트」，中文或翻譯為「拼奇」，是一個韓國社群娛樂資訊平台。

# #3 創作內容

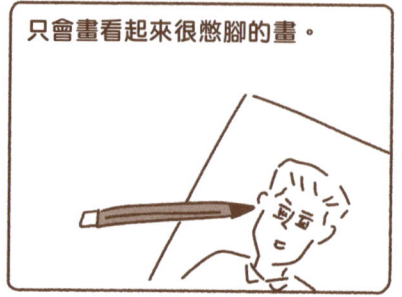

# ( #3 )

我只是想活得開心點，
有什麼好玩的呢……
你都不讀書嗎？
你只畫畫嗎？
每天都在玩！
要顧好成績！
果然不能只是那樣啊！
不對，可以活得開心！
首先畫出最有自信的畫，
還放上以前拍攝的照片，
雖然很肉麻但也寫了文章，
顆顆顆
再加上自己想的哏吧！

雖然單看都是平庸的才能，

但是為了好玩而做的興趣——合體，

畫畫一點　Photoshop一點　過往經驗也來一點！啾

就創造出我自己的獨特故事。

呀呼！　完成了！

（ #3 ）

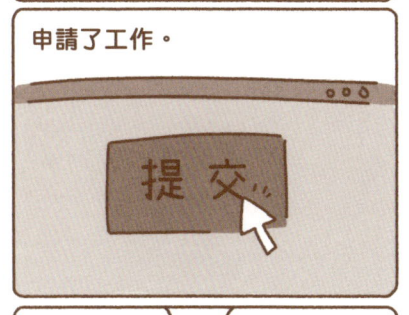

不久後在Pikicast公開招聘時，

內容編輯?!

即使如此，還是很有趣。

我以圖畫為核心創作的內容，

當時創造的角色就是「宅在家」！

畫畫和其他興趣都這樣派上用場！

申請了工作。

提交

落選的話要做什麼～

聽說非常競爭，

應該很難錄取吧…

結果，錄取了。

## #4 上班族生活（希望篇）

我當了上班族。

我竟然會成為公司職員……

我在公司負責的事情是——

pikicast
內容銷售員
宅在家

但為什麼會錄取我呢？

「內容銷售員」。

嘿嘿，我的名片。

你用圖畫創作的內容令我印象深刻。

工科大學電子系出身的…

原來是繪畫內容的行銷人員啊。

沒想到我能靠畫畫賺錢！

既新鮮又酷。

( #4 )

當時我所製作的內容，

還有了平板電腦。

但反應比預期中還要好。

點擊數 721,403

並不是像現在這樣的漫畫，

竟然有數十萬人看我的內容…

而是搭配圖畫的新聞圖卡。

大消息

最近熱門新聞

…

啪！

雖然這種形式在當時還很陌生，

人們會喜歡這樣的東西嗎？

我得更加努力才行…

| | |
|---|---|
| 喜歡的興趣變成了工作， | |
| 時間不知不覺就過去了。<br>這麼快就到下班時間了?! | 發薪水了。<br>××銀行<br>4月薪水 元 |
| 畫畫畫到很晚，<br>還要再多畫一點。 | 可以邊做自己想做的事邊賺錢， |
| 然後笑著下班。<br>結束！！！ | 果然世事難料！ |

# #5 上班族生活（絕望篇）

| | |
|---|---|
| 但是經過三年⋯⋯<br>啊⋯公司⋯ | 不再是為了有趣而做，<br>這個應該很有趣。 |
| 為了公司想要的內容，<br>請製作點擊率高的內容。 | 感覺自己變成生產內容的機器。<br>砰！ 砰！ |
| 我反覆做著同樣的事情，<br>⋯ | 果然就算是喜歡的事，只要變成職業， |
| 漸漸變得墨守成規。<br>⋯ | 終究還是會失去興趣嗎？ |

| | |
|---|---|
| 就是那個時候,我發現了— 還有什麼好玩的嗎… | 好,來畫畫吧! |
| Instagram。 | 好久沒有出於興趣來畫畫了。 |
| 最近經常上Instagram。 | 我要像大學時那樣,將我的作品上傳到網路上。 |
| … | 應該很有趣! |

# #6 說我自己的故事

將瑣碎的日常，

果然，人們的生活都差不多。

畫成簡單的圖畫，

別光是上傳畫，也試試畫故事吧！

上傳到Instagram後，

輕輕地掃過

漸漸變成了漫畫。

♥ 1,274

得到了越來越多的共鳴與關注。

第一次畫漫畫

漫畫也很有趣啊！

下班後我到住家附近的咖啡館,

但我純粹是為了興趣而畫。

真有趣!

一直畫漫畫到咖啡館打烊為止。

雖然畫畫很有意思,

在「IG漫畫」[4]這個詞都還沒出現的年代,

要上傳到Instagram~~

但是述說我的故事也很有趣啊!

雖然不知道會變成什麼樣子,

我能透過說自己想說的故事,

來維持生計嗎?

[4] 原文名稱為「인스타툰」,結合 Instagram 和 webtoon 兩個字,指的是在 Instagram 連載的漫畫。

( #6 )

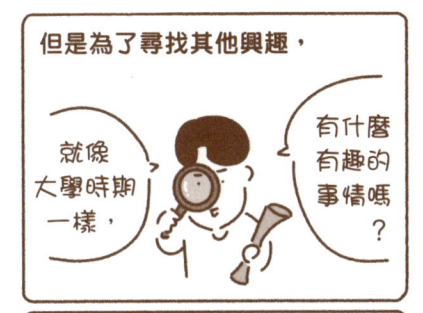

| | |
|---|---|
| 沒錯，我應該做我想做的事。 | 但是為了尋找其他興趣，就像大學時期一樣，有什麼有趣的事情嗎？ |
| 少了固定收入的月薪， | 我還是離開了公司。要不要去這邊看看？ |
| 雖然會變成前途未卜、 | 我的武器依舊是 這樣下去我會不會完蛋…？ |
| 不穩定的自由工作者，你說要辭職？要當作家？這麼做會完蛋的！ | 瑣碎的圖畫和故事。船到橋頭自然直。 |

# #7 活得好好的

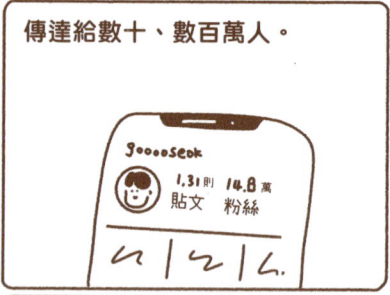

成為自由作家,

沙沙

但是將我的故事透過漫畫,

轉眼間已經五年。

完成!!

傳達給數十、數百萬人。

gooooseok
1,31則 貼文　14.8萬 粉絲

雖然並非只有有趣的事情,

哦⋯
傳遍了各處。

創作也總是很痛苦,

居然有這麼多人在看!

(#7)

〔5〕原文書名為「우울할 땐 귀여운 걸 보자」。

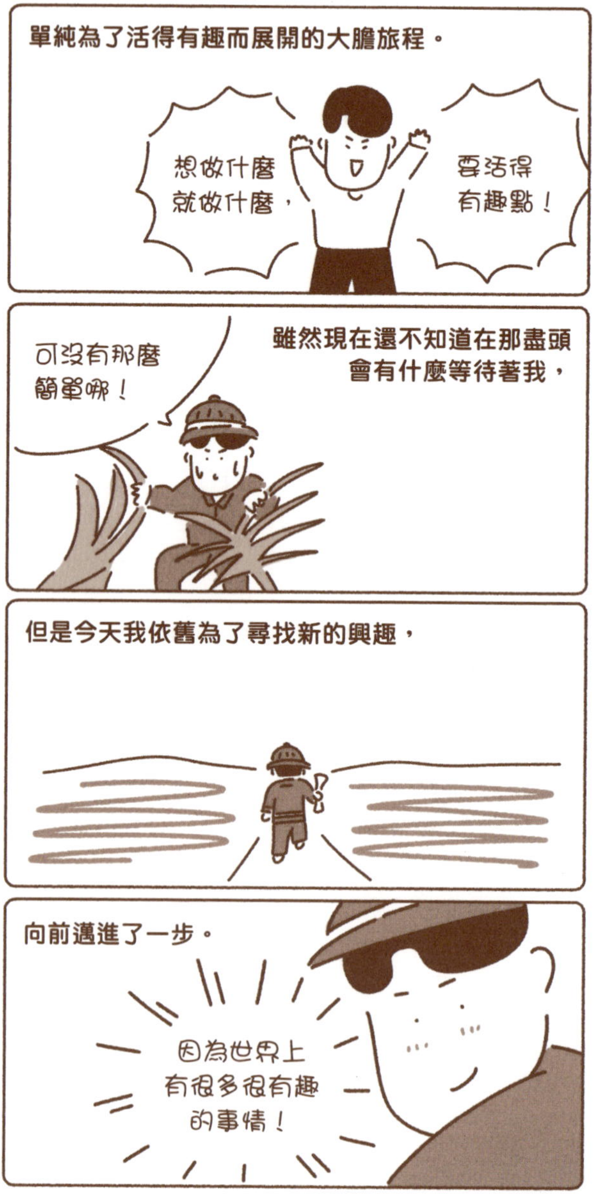
單純為了活得有趣而展開的大膽旅程。
想做什麼就做什麼，
要活得有趣點！
雖然現在還不知道在那盡頭會有什麼等待著我，
可沒有那麼簡單哪！
但是今天我依舊為了尋找新的興趣，
向前邁進了一步。
因為世界上有很多很有趣的事情！

GRAFIC 3

# 興趣拯救人生！
## 취미가 우리를 구해줄 거야

| 作　　　者 | 宅在家（방구석） |
|---|---|
| 譯　　　者 | 彭欣喬 |
| 總 編 輯 | 林慧雯 |
| 美術編輯 | 黃新鈞（金日工作室） |

出　　版　行路／遠足文化事業股份有限公司
發　　行　遠足文化事業股份有限公司（讀書共和國出版集團）
地　　址　231新北市新店區民權路108之2號9樓
電　　話　（02）2218-1417；客服專線　0800-221-029
客服信箱　service@bookrep.com.tw
郵撥帳號　19504465　遠足文化事業股份有限公司

法律顧問　華洋法律事務所　蘇文生律師
印　　製　韋懋實業有限公司
出版日期　2025年6月　初版一刷
定　　價　420元

ＩＳＢＮ　978-626-7244-90-6（紙本）
　　　　　978-626-7244-88-3（PDF）
　　　　　978-626-7244-89-0（EPUB）

有著作權，侵害必究。缺頁或破損請寄回更換。
特別聲明　本書中的言論內容不代表本公司／出版集團的立場及意見，由作者自行承擔文責。

行路Facebook
www.facebook.com/
WalkingPublishing

儲值「閱讀護照」，
購書便捷又優惠。

線上填寫
讀者回函

國家圖書館預行編目資料

興趣拯救人生！
宅在家（방구석）著；彭欣喬譯
──初版──新北市：行路出版：
遠足文化事業股份有限公司發行，2025.6
譯自：취미가 우리를 구해줄 거야
ISBN 978-626-7244-90-6（平裝）

1.CST：興趣　2.CST：生活方式　3.CST：漫畫
173.762　　　　　　　　　　　114002870

Copyright © 2024 방구석
Published in agreement with Gimm-Young
Publishers, Inc. c/o Danny Hong Agency,
through The Grayhawk Agency.
Complex Chinese translation rights © 2025
by The Walk Publishing,
A Division of Walkers Cultural Enterprise Ltd.
ALL RIGHTS RESERVED.